글로벌 테크 **7가지 욕망을 읽다**

글로벌 테크
7가지 욕망을 읽다

초판 1쇄 발행 2020년 12월 10일
초판 2쇄 발행 2020년 12월 15일

지은이 | 테크니들
발행인 | 유영준

편집부 | 오향림
디자인 | 비닐하우스
인쇄 | 두성P&L
발행처 | 와이즈맵
출판신고 | 제2017-000130호(2017년 1월 11일)
주소 | 서울시 강남구 봉은사로16길 14, 나우빌딩 4층 쉐어원오피스(우편번호06124)
전화 | (02)554-2948
팩스 | (02)554-2949
홈페이지 | www.wisemap.co.kr

ISBN 979-11-89328-34-4 (03320)

이 도서의 국립중앙도서관 출판예정도서목록(CIP)은 서지정보유통지원시스템 홈페이지
(seoji.nl.go.kr)와 국가자료 공동목록시스템(www.nl.go.kr/kolisnet)에서 이용하실 수 있습니다.
(CIP 제어번호 : CIP2020047900)

SELF-
ACTUALIZATION
NEEDS

AESTHETIC
NEEDS

COGNITIVE
NEEDS

ESTEEM
NEEDS

LOVE AND
BELONGING
NEEDS

SAFETY
NEEDS

PHYSIOLOGICAL
NEEDS

글로벌 전문가들이 선정한 비즈니스 테크 트렌드

글로벌 테크

UPLOADING...

7가지
욕망을 읽다

techNeedle
테크니들 지음

박 성 찬
송 민 승
이 길 우
장 민 영
조 훈
한 은 경
임 재 완

와이즈맵

"인류의 진화는 도구의 진화다"

영화 <2001: 스페이스 오디세이> 중

테크니들 독자들께 이 책을 바칩니다.

techNeedle.com

techNeedle.com

박성찬 서울시립대학교에서 MBA 과정에 있으며,
포인트모바일에서 스페인어권 해외영업을 담당하고 있다. 'IT', 'Sales',
'Latin America' 세 가지 키워드를 가진 전문가를 꿈꾼다.

송민승 실리콘밸리에서 디자인 리더로 일하고 있다. 다수의 글로벌
기업에서 활동했고, 전 세계를 대상으로 50개 이상의 제품 및 서비스를
디자인했다. Webby Award, Interaction design 등에서 수상한 바 있다.

이길우 MIT에서 컴퓨터 공학과 수학으로 학사, 카네기멜론대학교에서 석사,
워싱턴주립대학교에서 박사 학위를 마쳤다. 드림웍스DreamWorks의 〈쿵푸팬더2〉
제작에 참여했고, 한국의 벤처캐피털에서 근무한 바 있다.

장민영 싱가포르에서 아슈리온Asurion 아시아 시장 프로덕트 마케팅을
담당하고 있다. 구글Google 유럽중동 지사에서 커리어를 시작해, 홍콩 블록체인
스타트업에서 근무한 바 있다. 농업, 환경과 관련된 그린테크 분야에 관심이 많다.

조훈 현재 인시아드INSEAD에 재학 중이며, SK텔레콤에서 스타트업 투자,
글로벌 테크, 미디어 산업 분석 등을 수행했다.

한은경 현재 카카오에서 플랫폼 개발을 담당하고 있다.
기술경영 분야에 많은 관심을 갖고 있다.

임재완 〈테크니들techNeedle〉의 편집장을 맡고 있다.
옮긴 책으로 《플랫폼이 콘텐츠다》(공역)가 있고, 지은 책으로
《인공지능 비즈니스 트렌드》(공저)가 있다.

"그 어느 때보다 디지털 테크에 많은 시간을 쓰는 요즘이다. 우리는 누구에게나 필요와 욕구가 있고, 많은 회사들은 이 필요를 채워주기 위해 제품과 서비스를 디자인한다. 매슬로가 정의한 인간의 욕구를 기준으로 저자들이 글로벌 테크 제품과 서비스를 분류한 방식이 재미있다. 단순히 제품이나 브랜드 소개에 그치지 않고, 누가 무슨 이유로 제품을 만들었는지, 왜 그러한 제품이 시장의 반응을 얻었는지를 통찰력 있게 분석했기 때문에, 이 책을 읽다보면 자연스럽게 저자들의 전문성을 독자 본인의 식견으로 만들 수 있을 것이다."

조성문 Chartmetric 창업자 및 대표, 블로그 '조성문의 실리콘밸리 이야기' 운영자

"디지털의 물결이 아직 혁신해야 할 영역이 많고, 그 핵심은 사용자의 욕구를 충족시키는 데에 맞춰져야 할 것이다. 기술이 환경과 식생활, 교육, 스포츠 등 다양한 분야에서 인간의 욕구를 어떻게 충족시키는지 들여다보고 싶은 분들께 이 책을 추천한다."

최지현 소프트뱅크 벤처스 책임 심사역

"일론 머스크의 뉴럴링크Neuralink가 기술과 인간을 연결시키는 공존 기술을 제시한 오늘날, 글로벌 테크의 선두주자들은 인간 중심의 지능산업 시대를 열어가고 있다. 사용자의 심리적 욕구를 분석하는 것이 글로벌 테크 시장을 살펴보는 첫 출발점이 되어야 한다는 저자들의 혜안은 여간 반가운 일이 아닐 수 없다. 심리학자 매슬로의 욕구 7단계라는 틀 속에서 잘 짜인 신기술과 산업 사례들의 소개는 흥미진진하다. 이러한 이야기들을 통해 새로운 시대의 욕구를 들여다보고, 미래 예측을 위한 최신 테크 트렌드를 직접 접할 수 있는 책이다."

한상훈 연세대학교 심리학과 학과장, 심리과학이노베이션 연구소

인간의 욕구, 불확실성 시대에도 변하지 않는 한 가지

의도치 않은 우연이었다. 필자들이 이 책을 기획하기 시작할 때 마침 코로나19 바이러스가 한국과 미국을 덮치기 시작했다. 확진자와 사망자 그래프가 무섭게 치솟으며 유럽에서도 비극적인 뉴스가 쏟아졌다. 사람들은 마스크를 쓰기 시작했고, 야외 활동을 줄였으며, 일하는 방식을 바꿨다. 오프라인 상점들은 문을 닫았고, 실업률이 급상승했다. 이 거대한 쓰나미는 반짝하고 지나갈 일시적인 유행이 분명 아닌 듯 보였다. 지금도 코로나19 사태는 현재 진행형이고 언제까지 이 불안함이 지속될지 알 수 없다.

코로나19 사태는 '불확실성'이라는 키워드로 요약된다. 해외여행을 취소하고, 결혼식을 미루고, 집에 갇혀 지내야 하는 전대미문의 상황은 누구도 예상할 수 없었다. 이로 인해 헬스클럽 대신 홈 트레이닝이, 대면 미팅 대신 온라인 화상 회의가 대세가 되었다. 1년 전만 하더라도 상상하기 힘든 변화다. 조금 거창하게 표현하자면, 마치 지구에서 화성으로 인류가 삶의 터전을 옮기는 영화의 한 장면처럼, 오프라인에서 온라인 세계로 우리의 일상이 재편되었다.

글로벌 테크 시장도 예외 없이 큰 변화를 겪고 있다. 새 시대를 연 스타트업으로 칭송받던 일부 유니콘 IT 기업들에게서 구조 조정 소식이 들려왔다. 고객들이 갑자기 외부 활동을 줄이면서 매출이 줄고 수익성이 악화됐기 때문이다. 투자자들도 당황스럽기는 마찬가지다. 어떤 기업에 투자를 하는 것이 올바른 선택일지 선뜻 가늠하기 어려워졌다. 반면 코로나19 사태의 수혜로 폭발적인 성장을 한 기업들도 있다. 오프라인에서 하던 일을 온라인에서도 할 수 있도록 해주는 회사들이 그렇다.

필자들은 글로벌 테크 시장에 들이닥친 변화의 소용돌이 가운데 '변하지 않는 것'을 찾으려 노력했다. 여기서 변하지 않는 것이란, 진흙이 묻어도 한번 쓱 닦아내면 원래의 빛을 되찾는 다이아몬드 같은 것이다. 혹은 휘몰아치는 태풍 속에서 꽉 붙잡을 수 있는 든든한 기둥 같은 것이다. 그 형태가 무엇이든 변화하지 않고 언제나 그 자리에 있는 것이라면 충분히 의지할 만한 것이라는 생각이 들었다.

불확실성의 시대에 필자들이 찾아낸 다이아몬드는 바로 무언가를 갈망하는 '인간의 욕구'다. 바이러스가 창궐하고, 천재지변이 일어나는 등 아무리 어려운 상황에도 사람들의 기본 욕구는 절대 변하지 않는다. 어떤 상황에서도 사람들은 건강을 지키고, 신선한 음식을 먹고, 서로 소통하고 사랑하며 인간다운 삶을 살기 위해 노력한다. 심리학자 에이브러햄 매슬로Abraham Maslow는 인간의 이런 정형화된 욕구를 다음과 같이 7단계로 구분했다.

1단계. **생리적 욕구** __ 인간이 갖는 가장 근본적인 욕구다. 음식, 의복, 주거, 수면과 같은 생존에 필요한 기본 요건과 생리 작용 등이 여기에 포함된다.

2단계. **안전의 욕구** __ 신체적, 심리적 건강과 안전을 바라는 욕구다. 건강을 위해 운동을 하고 치료를 받고, 불안함을 줄이고 싶은 모든 욕구가 이 단계에 해당한다.

3단계. **사랑과 협업의 욕구** __ 생리적 욕구와 안전의 욕구가 충족된 다음 단계로 타인과의 교류를 원하는 욕구다.

4단계. **성공의 욕구** __ 결핍 욕구에서 가장 높은 단계로 타인에게 존중 받고, 물질적으

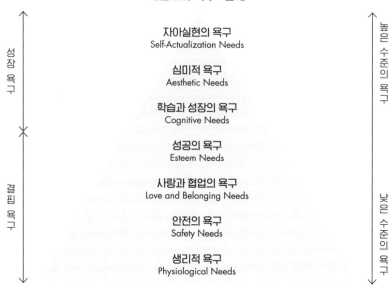

매슬로의 욕구 7단계

자아실현의 욕구
Self-Actualization Needs

심미적 욕구
Aesthetic Needs

학습과 성장의 욕구
Cognitive Needs

성공의 욕구
Esteem Needs

사랑과 협업의 욕구
Love and Belonging Needs

안전의 욕구
Safety Needs

생리적 욕구
Physiological Needs

성장 욕구

결핍 욕구

높은 수준의 욕구

낮은 수준의 욕구

로 부유함을 얻고 싶어 하는 욕구다.

5단계. **학습과 성장의 욕구** __ 성장 욕구의 첫 단계로 더 많이 배우고, 더 많이 알고 싶어 하는 단계다.

6단계. **심미적 욕구** __ 자신을 육체적으로나 정신적으로 아름답게 꾸미고, 예술적인 숭고함을 추구하려는 욕구다.

7단계. **자아실현의 욕구** __ 인간의 욕구 중 가장 고차원적인 욕구다. 그래서 달성하기 가장 어려운 욕구이기도 하다.

사람은 누구나 특정 상황에 놓였을 때 그에 따른 욕구를 충족하려는 경향이 있다. 이를 비즈니스에 반영할 수 있다면, 그 비즈니스는 분명 욕구와 맞물려 '작동하게' 되어 있다. 따라서 이 책은 기본적으로 매슬로의 욕구 7

단계를 바탕으로 전체를 구성했다. 각 욕구에 해당하는 글로벌 테크 비즈니스 사례를 찾아 분석하고, 어떤 욕구가 작동하도록 설계되어 있는지 파악하려고 했다. 이러한 점에서 이 책은 일반적인 경영 트렌드 서적과는 차이가 있다. 단순히 인기 있는 최신 기업들의 정보를 모아 놓은 백과사전 혹은 사례집이 아닌, 인간의 심리적 욕구가 어떤 특징을 갖는지 살펴본 후 해당 욕구가 잘 반영된 비즈니스 사례를 필자들만의 시각으로 분석한 결과이다. '심리학과 경영학을 융합한 글로벌 비즈니스 분석서'라고 할 수 있다.

이 책을 쓴 7명의 필자들은 글로벌 테크 미디어 '테크니들techneedle.com'의 필진 중 일부이다. 필자들은 글로벌 테크 비즈니스를 주제로 다양한 인사이트를 독자들과 매주 공유하고 있다. 필자들은 단순히 비즈니스의 외적인 부분만을 파악하기보다 그 이면에 작동하는 사람의 심리를 분석하는 일에 관심을 두고 있다. 비즈니스가 사람들의 니즈, 즉 '욕구'를 충족시키고 대가에 대한 가치를 제공받는 것임을 감안할 때, 사람의 마음이 작동하는 방식을 알아야 한다고 믿는다. '인간의 욕구'를 바탕으로 지금의 글로벌 테크 시장을 바라본다면 독자들이 보다 근본적이고 창의적인 시각을 갖게 될 것이라는 소망을 이 책에 담았다.

〈테크니들〉 편집장 임재완 드림

CONTENTS

UP**LOADING...**

PHYSIOLOGICAL NEEDS

Chapter 1.
근본적인, 그래서 가장 절실한 _ 생리적 욕구

Chapter2.
불안은 누구도 원하지 않는다 _ 안전의 욕구

SAFETY
NEEDS

Chapter3.
사람은 언제나 함께여야 한다 _ 사랑과 협업의 욕구

LOVE AND
BELONGING
NEEDS

ESTEEM NEEDS

Chapter4.
부와 존경을 갈망하다 _ 성공의 욕구

COGNITIVE NEEDS

Chapter5.
배움의 욕심은 끝이 없다 _ 학습과 성장의 욕구

AESTHETIC NEEDS

Chapter6.
아름다움, 그 강력한 유혹 _ 심미적 욕구

SELF-ACTUALIZATION NEEDS

Chapter7.
진정한 나를 찾아가는 여정 _ 자아실현의 욕구

Chapter 1.

근본적인,
그래서 가장 절실한 _

생리적 욕구

PHYSIOLOGICAL NEEDS

오늘날 인간의 생리적 욕구는

새로운 형태를 띤다.

배를 채우고, 잠을 자는 본능적 행위를 통해

더 높은 차원의 가치를

추구하고자 한다.

진짜 고기가 아닌 인공 고기를 재료로 건강한 육가공 제품을 만드는 '비 욘드 미트Beyond Meat'라는 미국 푸드테크Food-tech 회사가 있다. 이 회사 는 2020년 4월, 중국 스타벅스Starbucks에 인공 고기를 활용한 메뉴를 출 시하며 중국 시장 진출에 성공했다. 같은 해, 알리바바Alibaba의 슈퍼마켓 체인 프레시포Freshippo 상하이 지점 50여 곳에도 인공 고기로 만든 버거 패티를 판매하기 시작했다.

'고기가 없으면 기쁨도 없다(无肉不欢)'라는 표현이 있을 정도로 육류를 사랑하는 중국 소비자를 비욘드 미트가 과연 사로잡을 수 있을지 우려 도 있었지만 예상 외로 큰 인기를 얻고 있다. 2019년 한 해에만 '인공육 월병(月餅)' 등 인공 고기와 관련된 데이터가 3억 건에 달할 정도였다.

중국뿐 아니라 전 세계 소비자들도 새로운 형태의 음식에 열광하고 있 다. 단순히 배고픔을 해결하기 위해서만이 아니라 건강을 챙기고 환경 을 보호하며, 개성을 표현하기 위해 보다 새로운 형태의 먹거리에 대한 관심이 늘고 있다. 미국의 심리학자 클레이턴 앨더퍼Clayton Alderfer는 이 런 현상을 현대 사회의 치열한 경쟁, 경제적 불평등, 정치적 불안 등으로 인해 자신의 욕구가 현실에서 쉽게 충족될 수 없는 이른바 '좌절 퇴행 (Frustration Regression)[1]'의 결과라 주장한다. 자아실현 등 달성하기 어려운 고차원적인 욕구 대신, 음식이나 수면, 성(性) 등 현실에서 쉽게 충족할 수 있는 기본 생리 욕구에 더 집중하게 된다는 이론이다. 단순히 배를 채 우기 위한 수단으로 음식을 먹는 것이 아니라 고민에 고민을 거듭해 이왕

이면 몸에도 좋고 환경에도 좋은 음식을 찾거나 잠깐 자더라도 편하고 깊게 자고 싶은 것이다. 비욘드 미트의 글로벌한 인기나 필립스의 수면 제품 개발이 현대인의 이른 심리적 변화를 단적으로 보여주고 있는 셈이다.

이처럼 오늘날 글로벌 테크 기업들은 사람이라면 누구나 갖고 있는 욕구, 그 중에서도 가장 기본이 되는 '생리적 욕구'를 충족시켜주기 위해 다양한 혁신적인 서비스를 만들어내고 있다. 우리 삶에 가장 필수적이고 본능적인 생리적 욕구에서 출발한 새로운 형태의 소비 욕망을 충족시키려는 다양한 사례를 살펴보고 어떤 인사이트를 얻을 수 있는지 하나씩 살펴보자.

새로운 음식을 먹고 싶다

오늘날 인간의 음식에 대한 욕구는 새로운 형태를 띤다. 배를 채우기 위해 음식을 먹는 단순 행위를 넘어 앱을 통해 다양한 맛집을 비교하고, 빠르고 편리하게 음식을 배달하는 방법을 연구하며, 더 나아가 기술을 이용해 자연에 의존하지 않고 식자재를 만들어내기도 한다. 많은 사람들이 음식과 환경, 동물, 건강 등 다양한 요소들을 연계해 음식 소비로 인해 미치는 윤리적 영향에까지 관심을 갖는다. 누구든 피해 보지 않고 모두에게 이로운 식생활을 하는 것이 인간의 새로운 욕망인 셈이다. 소비자들의 음식에 대한 새로운 의미에 부합하도록 전 세계 기업과 스타트업들은 분주하게 움직이고 있다.

육즙이 살아있는
인공 고기

비욘드 미트
www.beyondmeat.com

아이러니하게도 '비욘드 미트Beyond Meat'를 설립한 이선 브라운Ethan Brown 은 한때 육즙 가득한 소고기 패티가 들어간 샌드위치를 줄 서서 사 먹을 정도로 육식을 즐겼었다. 그는 20대 시절 채식 버거 기업인 모닝스타팜 Morningstar Farms에 투자하며 가격이 저렴한 패스트푸드 형태의 '식물성 고 기로 만든 맥도날드 버거'를 만들어보면 어떨까 하는 영감을 얻게 된다.

지난 몇 년간 가축이 배출하는 메탄가스가 지구 온난화를 일으키는 온실가스의 상당량을 차지한다는 사실이 주목받기 시작했다. 그 결과 육 류 섭취에 대한 부정적 인식이 높아지며 대체육이 그 해결 방안으로 떠 오르고 있다. 여기서 대체육이란 이름 그대로 '육류를 대체하는 가짜 고 기'로 자연에서 생산되지 않는 인공 공기다. 대체육은 크게 동물 세포를 배양해 만든 배양육과 순수 식물 성분을 활용해 고기의 맛과 형태를 띠 는 식물성 고기로 나뉜다.

대체육 시장에서 가능성을 발견한 이선 브라운은 2009년 해당 업계에 뛰어들었다. 2019년에는 비욘드 미트가 대체육 업계 최초로 미국 나스닥 에 상장됐고, 첫날 공모가의 3배인 약 78,000원(약 66달러)에 마감하며 대체육 업계의 선구자로 자리매김하게 된다. 이선 브라운이 꿈꾸던 '식물성 고기로 만든 맥도날드 버거'가 현실화되고 있는 것이다.

비욘드 미트는 일반 고기로 만들 수 있는 대부분의 제품을 생산하고 있다. 어린이들이 좋아하는 미트볼부터 소시지, 스테이크뿐 아니라 세계 최초로 식물성 고기 버거를 출시하기도 했다. 이미 채식주의자 사이에서 보편화된 콩고기와 비슷하다는 평도 있지만 비욘드 미트의 고기는 실제 고기 특유의 맛, 식감, 마블링 그리고 시각적인 부분까지 거의 완벽하게 구현했다는 평가를 받고 있다. 그 비결은 완두콩, 녹두, 잠두, 현미 등에서 추출한 단백질로 실제 고기에서 섭취할 수 있는 단백질을 제공하며, 코코넛 버터와 오일로 육즙을 대체하고 고기의 붉은 핏기를 최대한 살리기 위해 비트, 사과 추출액 등을 사용한 덕분이다.

육식 애호가들이 중요하게 생각하는 맛과 영양뿐만 아니라 환경과 건강이라는 새로운 가치를 더해, 비욘드 미트는 더 진짜 같은 가짜 고기를 매년 선보이고 있다. 이는 오늘날 모든 식품 업계가 만족시켜야 할 현대

비욘드 미트의 신제품 연구가 이뤄지는 이노베이션 센터에서 인공 고기의 육즙을 실험 중이다.

© Beyond Meat

비욘드 미트 제품을 활용하여 만든 다양한 요리들. 실제 고기의 맛, 생김새, 식감까지 구현해냈다.

실제 육류와 구별되지 않을 정도로 똑같은 비욘드 미트가 시중에서 판매되는 모습이다.

인의 새로운 욕망이다.

2019년부터 비욘드 미트는 실제 버거 패티의 식감과 시각적인 부분까지 보완하기 위해 마블링과 단백질을 추가한 새로운 버전의 패티를 판매하기 시작했다. 맥도날드McDonald's, 버거킹Burger King, 타코벨Taco Bell 등 패스트푸드 업체를 통해 대체육 제품을 선보이며 일반 소비자들에게 더 가까이 다가가는 모습을 보여주고 있다.

사실 국내에서는 식물성 고기에 대한 인식이 채식주의자를 위한 전용 식품으로 한정되어 있지만, 비욘드 미트의 주 고객은 채식주의자뿐 아니라 육식을 즐기는 일반 소비자 층도 포함한다. 이 중 대다수는 채식을 지향하지만 상황에 따라 육류 섭취를 선택하는 플렉시테리언Flexitarian도 있다. 세계적으로 플렉시테리언의 수가 증가하면서 비욘드 미트의 수요도 늘어났고 2020년 1분기 매출이 전년도 대비 140퍼센트 치솟으며 시장 기대를 뛰어넘고 있다.

특히 한 끼를 먹더라도 개인의 가치와 부합하는 소비를 선택하는 밀레니얼과 Z세대의 음식에 대한 새로운 욕구에서 대체육의 시장성을 볼 수 있다. 이선 브라운은 "환경을 위해 테슬라의 전기차를 구매하려면 많은 돈이 든다. 하지만 비욘드 버거를 구매함으로써 본인의 가치와 신념을 지키는 데는 고작 7,200원(6달러)밖에 들지 않는다"라고 말하기도 했다.

미래학자들은 2040년에는 육류 시장의 60퍼센트가 식물성 고기 또는 대체육 제품이 차지할 것이라고 예측한다. 앞으로 인간은 더 이상 자연에서 음식을 찾을 필요가 없게 된다는 의미이기도 하다. 도살 없는 육류뿐 아니라, 바다에서 잡지 않은 해산물, 커피콩 없는 커피, 닭이 낳지 않은 계란, 유제품이 들어가지 않은 치즈와 우유 등 수많은 혁신 식품들이 푸드테크 업체들에 의해 만들어질 것이다.

실내 농장에서
직접 구매하는 채소

인팜
www.infarm.com

집에서 기르던 채소의 신선한 맛과 재배법에서 영감을 얻은 이스라엘 출신의 젊은이 세 명이 자신들의 아이디어를 실현하기 위해 독일로 향한다. 2013년 오스낫 미하엘리Osnat Michaeli, 에레즈 갈론스카Erez Galonska, 가이 갈론스카Guy Galonska는 베를린에서 스타트업 '인팜Infarm'을 설립하고 도시 중심부에 실내 수직 농장을 설치하는 일을 시작한다.

실내 수직 농장은 소비자들이 불필요한 유통 과정을 거치지 않고 현장에서 재배된 신선한 농산물을 일 년 내내 바로 구매할 수 있도록 하는 기술이다. 포장된 채 팔리는 채소와 달리 거대한 냉장고에서 재배되는 채소를 소비자가 직접 뜯어 구매할 수 있게 하는 형식이다. 기존 농산물이 거쳐야 했던 운송, 보관 및 냉장의 과정이 없기 때문에 이로 인해 발생하던 환경 문제 해결에 기여하며 새로운 푸드 시스템의 혁신으로 떠오르고 있다.

2050년 세계 인구의 68퍼센트가 도시에서 살게 될 것이란 UN의 전망2과 함께 '도시 농업(Urban Farming)'이 미래의 식량 해결책으로 떠오르고 있다. 아스팔트 거리와 고층 빌딩이 가득한 도심 한가운데에서 농작물이

독일 슈퍼마켓에서 한 소비자가 인팜의 냉장고에 재배되고 있는 채소를 뜯어 구매하고 있다.

자라는 모습을 볼 수 있게 된 것이다. 미래에 기하급수적으로 늘어날 인구수에 맞추어 더 많은 식량을 생산하기 위해 토양과 물을 거의 사용하지 않고 작물을 층층이 쌓아 올려 재배하는 '수직 농법(Vertical Farming)'이 도시 농업의 한 방법으로 주목받고 있다. 수직 농법은 통제된 환경에서 농작물이 재배되기 때문에 해충에 대한 걱정이 없고 살충제나 화학제품을 사용하지 않는 친환경 식량 생산이 가능하다. 인팜은 이 두 해결책을 통합해 하나의 비즈니스 모델로 탄생시킨 사례다.

오늘날 소비자는 음식의 겉모습은 물론 식재료의 원산지 정보부터 유통 과정까지 궁금해 한다. 가능한 안전하고 깨끗한 음식을 먹고 싶은 새로운 욕구가 갈수록 커지기 때문이다. 이 관점에서 인팜은 '눈앞에서 자라 믿고 먹을 수 있는' 채소를 제공하며 식자재 공급의 투명성과 다양한 로컬 푸드에 대한 욕망에 부응하려는 스타트업으로 해석할 수 있다.

인팜은 케일, 바질, 파슬리, 민트 등 더욱 다양한 채소를 생산하기 위해 새로운 기술을 접목한 재배법을 연구 개발하고 있다. 실내 재배 환경을 조성하고자 태양광 대신 LED조명으로 광합성을 촉진하고, 농산물과 조명, 실내 환경 등의 관계에 대한 데이터 분석을 통해 품질을 향상해 나가고 있다. 유럽 시장에서 급격히 성장하고 있는데 독일뿐만 아니라 프랑스, 덴마크, 스위스, 영국까지 이미 500개 이상의 마트나 식당, 학교, 병원 등에 인팜이 들어섰다.

이제 유럽 도심에 있는 마트에서 직접 채소를 뜯어 구매하는 모습은 흔하게 볼 수 있다. 인팜은 아시아 진출도 추진 중인데 2020년 일본의 동일본여객철도JR-east의 자회사인 기노쿠니야Kinokuniya를 통해 도쿄에 위치한 대형 마트에 스마트팜 시스템을 도입한다고 발표했다.

배달음식 앱의 제왕

그럽허브
www.grubhub.com

모바일 앱 시장의 성장과 코로나19로 인해 배달음식 시장이 커지면서 관련 업체들의 인수합병도 활발하다. 우버이츠Uber Eats는 '그럽허브Grubhub'를 인수해 미국 최대 시장 점유율을 차지하는 도어대시DoorDash를 추월한다는 계획을 세웠었다. 그러나 네덜란드의 테이크어웨이닷컴Takeaway.com이 우버이츠가 제안한 금액보다 높은 약 8조 7,000억 원(73억 달러)을 제시하며 인수에 성공했다. 그럽허브는 경쟁사 심리스Seamless, 잇24Eat24, 메뉴페이지MenuPages를 인수한 데 이어 테이크어웨이 닷컴과 합병함으로써 글로벌 시장에서 가장 큰 배달음식 플랫폼이 되었다.

그럽허브의 창업은 여느 스타트업들처럼 일상의 불편함에서 시작되었다. 2004년 어느 날, 맷 멀로니Matt Maloney와 마이크 에번스Mike Evans는 늦은 시간 사무실에 남아 저녁을 시켜 먹기 위해 전화번호부를 뒤적거렸다. 그런데 선택 가능한 식당이 얼마 없고, 주문 과정도 불편하다는 사실을 깨달았다. 당시 부동산 중개 회사의 소프트웨어 개발자였던 두 청년은 검색 엔진을 활용해 특정 지역의 정보를 찾는 기능을 개발하고 있었는데, 이 기능으로 음식 배달 시스템을 만들면 좋겠다는 아이디어에서

성공적인 경쟁사 합병 이후 2014년 뉴욕 증권거래소에 상장된 그럽허브 관계자들이 자축하고 있다.

착안해 그럽허브를 만들게 된다.

그럽허브의 초창기 비즈니스 모델은 식당에게 6개월 동안 그럽허브 사용료 16만 원(140달러)을 내도록 하는 방식이었다. 하지만 반응이 좋지 않자 그럽허브를 통해 팔리는 음식 가격의 10퍼센트를 수수료로 받겠다는 전략으로 바꿔 많은 식당과 파트너십을 맺을 수 있었다. 초기부터 수익 모델에 집중하는 전략이 성장과 고객 확보에만 몰두하는 일반적인 스타트업들과 달랐고, 이는 오늘날 그럽허브가 성공하는 데 중요한 밑거름이 되었다. 일반 고객을 확보하기 위해 직장인들의 퇴근 동선을 중심으로 지하철과 버스에 광고를 붙여 큰 효과를 보기도 했다. 현재 배달음식 플랫폼 기업들이 사용하는 많은 수익 모델은 그럽허브의 방식에서 출발한 셈이다.

그럽허브는 인간의 가장 기본적인 욕구, 즉 배고픔을 해결하고 편리함을 추구하고 싶다는 두 욕구를 성공적으로 결합시킨 욕망의 플랫폼이다. 맛과 건강을 토대로 충족되던 음식에 대한 욕망이 어디서 어떻게 먹는지까지 확장된 것이다. 덕분에 샌프란시스코, 시카고, 뉴욕 등 미국 대도시에서 많은 사용자를 확보하며 빠른 속도로 성장할 수 있었다.

더 좋은
환경에서 살고 싶다

먹고 쉬는 것 외에 인간이 살아가는 데 꼭 필요한
생리적 욕구는 숨을 쉬는 것이다. 그동안에는 너무나
근본적이고 당연하게 받아들여져 그만큼 중요하게
인식되지 못하는 경우가 많았다. 하지만 이제는
아침에 일어나면 날씨보다 미세먼지 농도를 체크하는
것이 일상이 되어버렸다. 기후 변화, 대기오염으로
인해 위협을 느끼며 더 좋은 공기 속에서 숨 쉬고
싶은 욕망이 생겼고, 이러한 욕구를 충족시키기 위한
새로운 테크 스타트업들이 생겨나고 있다.

도심 한복판의
공기 정화 벤치

그린시티 솔루션
greencitysolutions.de

대기 중 오염된 공기를 정화하기 위해 나무를 심는 것만이 해결 방법일까? 독일의 친환경 스타트업 '그린시티 솔루션Green City Solutions'은 공기 정화 벤치 '시티 트리City Tree'를 개발했다. 시티 트리는 도시의 대기오염을 해결하기 위해 초록색 이끼를 4미터 높이 대형 필터에 활용한 장치다. 이끼는 미세먼지뿐 아니라 산화 질소, 오존 등 공기 중에 보이지 않는 유해한 미립자들을 정화하는 역할을 한다. 그린시티 솔루션은 이런 이끼의 천연 기능, 클라우드와 사물인터넷(Internet of Things, IoT) 기술 등을 결합해 도심 속 환경을 더 쾌적하게 만들고, 사람들이 더 깨끗한 공기 속에서 살아가도록 하는 비전을 가지고 있다.

시티 트리 한 개의 가격은 약 2,800만 원(25,000달러)에 달하지만 유지 비용이 저렴하다. 시티 트리 한 개로 나무 275그루의 공기 정화 효과를 볼 수 있으며 하루에 250그램의 대기오염 물질과 240톤의 이산화탄소를 흡수한다. 태양 전지로 작동되는 데다 비가 올 경우 내부에 탑재되어 있는 배관 시스템이 자동으로 작동돼 모아둔 물을 배출한다.

시티 트리의 장점은 다용도로 사용될 수 있다는 점이다. 이끼 벽이 있는 부분을 옥외 광고판으로 사용하거나 시티 트리 자체가 공용 와이파이 핫스팟이 될 수도 있다. 식생, 건물, 일사량 등 환경 요소를 재현하여 대기 현상에 미치는 영향을 예측하는 모델링 프로그램인 'ENVI_met'를 사용해 시티 트리를 설치하려는 지역에 가장 적합한 배치 장소를 선택할 수 있다. 또한 센서를 통해 수집한 데이터를 바탕으로 주변 환경과 대기 질을 분석하여 실시간으로 최적의 정보를 업데이트한다.

이미 베를린, 파리, 브뤼셀, 오슬로, 홍콩 등 20여 개의 도시에 시티 트리가 설치되어 있다. 국내에서는 2018년 3월 청와대 홈페이지에 '미세먼지 속 숨을 쉴 수 있게 시티 트리를 도입해달라'는 국민 청원이 올라오기도 했다. 시티 트리에 대한 정보가 부족해서였을까. 청와대 공식 답변 기준인 20만 명에 도달하지는 못했지만 사람들의 환경에 대한 인식과 더 쾌적하게 살아가고픈 절박함을 엿볼 수 있는 기회였다. 시티 트리는 깨끗한 공기 속에서 숨 쉬고 싶다는 인간의 욕망과 좋은 환경이 현재뿐 아니라 미래까지도 이어졌으면 하는 바람이 기술을 통해 구현된 사례이다.

공기 정화 장치인 시티 트리는 도시의 대기질을 높여준다.

잉크로 재탄생한
미세먼지

그래비키 랩스
www.graviky.com

'그래비키 랩스Graviky Labs'는 MIT 미디어 랩MIT Media Lab이 배출한 스타트업으로 대기오염의 원인 중 하나인 디젤 엔진의 매연 분진을 모아 실제 사용 가능한 '에어-잉크Air-ink'라는 제품을 만든다. 그래비키 랩스의 설립자 아니루드 샤르마Anirudh Sharma는 인도 거리에서 뿜어져 나오는 검은 매연을 보고 검은색과 환경 오염에 대한 연결고리를 생각해낸다. 검은색이 일상에서 가장 많이 사용되는 색이라는 점에서 착안해 매연을 필터링한 후 채취한 탄소를 재활용하는 방법을 개발한 것이다. 에어-잉크는 2019년 〈타임Time〉이 선정한 최고 혁신 기술로 뽑혔다[3].

우리가 일상에서 사용하는 대부분의 잉크는 공장에서 화석 연료로 생산한다. 그러나 에어-잉크는 자동차 배기관에 필터와 센서 등이 달린 특수한 수집통 칼링크Kaalink를 부착해 매연을 수집한다. 칼링크는 미립자의 95퍼센트까지 채취할 수 있다. 칼링크를 통해 수집된 매연 속 유해물질을 제거한 후 탄소를 수집한다. 이렇게 모은 탄소를 물과 결합해 잉크로 재탄생시킨다. 그래비키 랩스는 인도 전역에서 이 방법을 실행해 약 16억 마이크로미터의 매연을 수집했다. 이는 1억 6,000만 리터의 공기를 정화

한 것과 같은 양으로 약 1,000리터 가량의 잉크를 생산할 수 있었다.

에어-잉크는 잉크를 활용한 펜, 물감뿐만 아니라 포장에도 활용된다. 스웨덴 핀테크 스타트업 도코노미Doconomy는 마스터카드Mastercard와의 협업을 통해 세계 최초 탄소 배출 한도 신용카드 '두 블랙Do Black'을 출시했는데, 기존 신용카드 제작에 사용되던 마그네틱 스트라이프Magnetic Stripe가 아닌 에어-잉크로 검은색 신용카드를 디자인했다. 두 블랙 카드는 사용자가 물건을 구매할 때마다 해당 물건으로 발생하는 탄소량을 앱을 통해 알려주고, 이렇게 누적된 탄소 배출량이 일정 한도를 넘어서면 카드 사용이 자동으로 중지되는 독특한 기능을 갖고 있다.

세계적으로 대기오염의 직접적 영향으로 사망하는 사람이 매년 4,600만 명에 달한다. 차량 매연에서 만들어지는 초미세먼지는 우리 눈에 보이지 않을 정도로 작아 한번 몸에 쌓이면 배출되지 않아 치명적이다. 에어-잉크는 이런 불안감 속에 매일 마스크를 쓰며 미세먼지로부터 자신을 보호하려는 사람들의 욕구를 충족시키면서 지구 온난화 문제 해결에 기여하고 있다.

도코노미는 에어-잉크를 활용하여 두 블랙 신용카드를 제작하였다. 탄소 배출량 한도 초과 시 카드 사용이 중지 되는 알림 메시지가 뜬다.

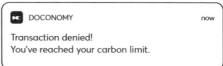

에어-잉크의 탄소 잉크 제품. 여러 브랜드와 협업하여 대기오염과 관련한 캠페인을 진행하기도 한다.

맥주 브랜드 타이거Tiger와 파트너십을 맺고 에어-잉크를 활용한 예술 작품을 선보였다.

우리 집
실내 공기도 소중하게

다이슨
www.dyson.co.uk

'다이슨Dyson'은 가전제품 역사에 한 획을 그으며 비틀즈The Beatles 이래 미국에서 가장 사랑받는 영국 브랜드로 찬사를 받고 있다. 세련된 디자인은 물론 세계 최초로 선보인 먼지봉투 없는 무선청소기와 날개 없는 선풍기, 공기 청정기, 헤어 드라이기 등을 통해 '가전제품계의 애플Apple'로 불리며 테크 업계의 혁신 아이콘으로 떠올랐다.

　다이슨을 설립한 제임스 다이슨James Dyson은 어릴 적부터 주변 사물의 작은 문제점과 불편함을 그냥 지나치지 못하는 버릇이 있었는데, 청소를 하던 중 먼지봉투가 진공청소기의 성능을 저하시키는 원인임을 발견하고 먼지봉투 없는 청소기를 상상하게 된다. 1970년, 우연히 그가 일하던 제재소에서 목재를 빨아들이는 원뿔형 집진 장치를 보게 되고, 공기를 빠르게 돌리면 형성되는 사이클론으로부터 봉투 없이도 먼지를 모을 수 있는 방법을 생각해낸다.

　다이슨은 1979년부터 5년간 5,127개의 프로토타입 개발을 통해 세계 최초 먼지봉투 없는 진공청소기 모델인 DC01를 만드는 데 성공한다. 하지만 새로 개발한 사이클론 활용 청소기 특허를 받는 과정은 쉽지 않았다. 당시 세계 1위 청소기 브랜드인 후버Hoover가 다이슨 제품에 위협을 느끼고 미국과 영국 특허를 받지 못하도록 방해했기 때문이다. 그러나 1985년 일본 기업에 특허를 팔아 1992년 현재의 다이슨을 설립하게 된다. 최초 모델인 DC01이 출시 18개월 만에 유럽과 미국 전 지역 판매 1위를 하며 다이슨은 가전제품 브랜드로 일약 유명세를 얻었다.

한국에서도 다이슨 청소기의 인기는 엄청나다. 소비자들은 단순히 청소기를 구매하는 것이 아닌 다이슨이란 이름의 '혁신'과 '럭셔리'를 함께 구매하는 경험을 한다. 비슷한 가격대의 무선 청소기보다 월등히 성능이 좋은 데다, 고농도 미세먼지까지 깔끔하게 빨아들여 실내 공기 청정에도 큰 역할을 하기 때문이다. 다이슨 무선 청소기의 사이클론 기술은 공기 중 미세한 먼지만을 골라낼 수 있다. 비싸지만 그만큼 성능이 뛰어나기 때문에 갖고 싶은 욕구를 일으켜 '욕망의 청소기'라 불린다.

다이슨의 청소기는 디자인과 기능이라는 두 마리 토끼를 동시에 잡

다이슨의 제품은 성능과 디자인 혁신을 통해 기존 가전제품의 통념을 깼다.

다이슨의 공기 정화기 다이슨 퓨어쿨. 기존 공기 정화기와 달리 날개가 없다.

은 사례로 많이 언급된다. 기존의 진공청소기는 크고 무거운 데다 투박한 디자인을 갖고 있었고 청소를 해주는 도구에 불과했기 때문에 잘 보이지 않는 곳에 보관하는 경우가 흔했다. 그러나 다이슨 청소기는 세련된 디자인 때문에 거실처럼 잘 보이는 곳에 비치하는 가정을 쉽게 볼 수 있다. 동시에 다이슨의 제품은 뛰어난 성능을 자랑한다. 제임스 다이슨 또한 인터뷰를 통해 "우리는 명백한 테크 기업이고 과학적 접근을 통해 일상의 문제를 해결하는 데 기여한다"고 강조했다. 소비자가 일상에서 겪는 불편함을 해결하기 위해 좋은 성능과 실용성에 우선순위를 두면 그에 맞는 디자인이 나오게 된다는 철학이다.

다이슨은 무선 청소기에 이어 날개 없는 선풍기, 헤어 드라이기 등 새로운 혁신에 끊임없이 도전하고 있다. 다이슨의 야심작인 공기 청정기

'다이슨 퓨어쿨Dyson Pure Cool'은 무선 청소기만큼 호응을 얻지는 못했지만, 최근 아시아 지역 특히 중국과 한국의 심각해지는 대기오염에 따라 그 수요가 증가하고 있다. 코로나19로 실내에 머무는 시간이 늘어나면서 실내 공기질을 높이고 싶은 소비자들에게도 큰 관심을 받고 있다. 다이슨 퓨어쿨은 마이크로미터의 미세먼지를 99.95퍼센트 제거하는 기능으로 깨끗한 공기 속에서 살고 싶은 소비자들의 욕구를 충족시키고 있다.

초고속 디지털 모터가 장착된 손 건조기, 에어블레이드에 대해 소개 중인 제임스 다이슨.

©Wired

숙면으로 휴식을 얻고 싶다

졸릴 때 자고 싶은 것은 인간의 본능이다.
그래서 잠깐 자는 잠이라도 편하고 깊게 자고
싶어 한다. 그러나 많은 연구자들의 노력과
달리 대부분의 사람들에게 수면 장애에 대한
이해가 아직 부족한 것이 사실이다. 게다가
수면과 뇌의 밀접한 관계 때문에 잘 자고
싶은 인간의 고민은 더욱 복잡한 문제가 되어
가고 있다. 이를 위해 전통적인 가구 회사들뿐
아니라 최첨단 기술로 무장한 테크 기업들도
갖가지 노력을 기울이고 있다.

침대는 더 이상 가구가 아니다

에잇 슬립
www.eightsleep.com

'침대는 가구가 아니다. 과학이다'라는 광고 문구가 현실화되고 있다. 2014년 뉴욕에서 시작한 스타트업 '에잇 슬립Eight Sleep'은 스마트 매트리스 '더 팟The Pod'을 선보이며 슬립테크Sleep-tech 업계를 혁신하고 있다. 더 팟은 2019년 〈타임〉이 최고의 혁신 기술 중 하나로 선정하기도 했다[4].

자율주행차와 전기 스쿠터가 실리콘밸리의 거리를 활보하는 오늘날 우리는 아직도 40년 전에 개발된 메모리 폼 매트리스에서 잠을 자고 있다. 지난 반세기 동안 수면 시장에는 큰 변화가 없었기 때문이다. '세상 모든 것이 스마트하게 변하는데 내 침대만 스마트하지 않다'라는 생각에 고민하던 이탈리아계 출신 변호사 마테오 프란체스체티Matteo Franceschetti는 자신의 수면을 트래킹하고 분석할 수 있는 아이템을 떠올린다. 그가 처음 선보인 매트리스인 '에잇 슬립 트래커Eight Sleep Tracker'는 크라우드 펀딩 플랫폼 인디고고Indiegogo에서 약 17억 원(150만 달러) 가량의 선주문 예약을 받은 후 유명세를 타기 시작했다.

이후 에잇 슬립은 미국인 80퍼센트가 수면 중 체온 변화를 겪는다는 연구 결과를 기반으로 온도 조절 기능을 장착한 스마트 매트리스 '더 팟'

을 출시한다. 더 팟은 냉수 냉각 기술을 통해 최저 12도부터 최고 45도까지 조절이 가능하며 수면 중 인체에 가장 적합한 온도로 자동 조절된다. 다양한 내장 센서로 기상과 수면 시간을 측정하고 환경을 자동 인식해 최적의 수면 상태를 돕는다.

과거에는 좋은 수면을 위해 편안한 침대 하나만 중요하게 생각했다. 그러나 최근에는 수면에 영향을 미치는 수면 시간, 뇌파, 빛, 온도 등 여러 요소들이 추가적으로 고려된다. 수면은 다양한 과학 분야와 밀접한 연관이 있는 만큼, 단순히 잘 자고 싶어하는 기본 욕구보다 더 복잡한 욕망의 형태를 가지고 있다. 따라서 쉽게 충족하기 어렵다.

에잇 슬립은 총 2,000만 시간 동안 축적한 수면 패턴과 2,000억 개 이상의 데이터 샘플을 인공지능 기술을 활용해 분석한다. 뿐만 아니라 온도 조절이 가능한 스마트 이불부터 스마트 베개, 블루라이트 필터링 안경 등 기술과 수면 영역을 접목한 다양한 제품을 출시하고 있다. 수면의 질을 높이고 더 많은 사람들이 수면 문제를 해결하도록 하는 것이 에잇 슬립이 지향하는 목표다.

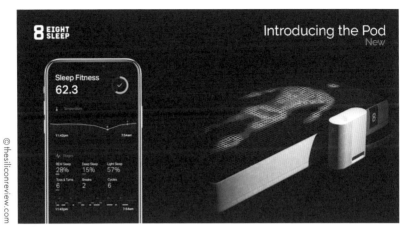

더 팟은 모바일 앱과 연동돼 수면 환경을 조절한다.

에잇 슬립의 스마트 매트리스 더 팟은 기술을 통해 수면 분야를 혁신하고 있다.

나를 재워주는 로봇

섬녹스
meetsomnox.com

2015년 네덜란드에서 탄생한 스타트업 '섬녹스Somnox'는 엄마 품에서 잠 드는 느낌을 재현해주는 수면 로봇을 공개했다. 창업자 중 한 명인 율리 안 야크텐베르크Julian Jagtenberg는 수면 장애로 인한 면역력 문제로 고생 하는 어머니의 불편함을 해결하기 위해 수면에 대한 연구를 시작했다. 그 는 세 명의 다른 공동 창업자들과 품에 안고 잘 수 있는 부드럽고 귀여 운 형태의 로봇을 개발했다.

섬녹스는 메모리 폼 재질로 만들어진 콩 모양의 쿠션 로봇이다. 이산화 탄소 센서와 소리 센서가 내장되어 있어 사용자의 호흡 리듬에 따라 심장 이 뛰는 생명체처럼 작동한다. 섬녹스를 안고 자면 사용자의 심장 박동에 맞추어 미세하게 움직이며 마치 엄마 품에서 사근사근 잠드는 듯한 효과 를 준다. 우리가 어린 시절 엄마가 불러주는 자장가를 들으며 잠이 들거 나 고요한 해변가 옆 야자수에 걸려 있는 해먹에 누워 낮잠 자는 상상을 하는 것처럼, 섬녹스 로봇은 그런 상상을 일상의 수면에서 구현한다.

섬녹스에는 마음을 편안하게 해주는 심장 박동 소리, 백색 소음 기능 이 탑재되어 있어 사용자가 잠들 때까지 심리적 안정감을 준다. 섬녹스

섬녹스 로봇을 품에 안고 자면 심장 박동 수에 맞춰 미세하게 움직인다.

섬녹스 앱을 활용해 수면 로봇 기능을 조절하고 개인의 수면 상태를 트래킹할 수 있다.

로봇은 낮잠, 수면, 휴식 세 가지 옵션이 있어 밤 시간뿐 아니라 낮에 휴식을 취할 때도 유용하다. 섬녹스 자체 실험 결과에 따르면 사용자의 90퍼센트는 평소보다 빨리 잠에 들었고 70퍼센트는 더 깊은 잠을 잘 수 있었다고 한다. 수면 헤드밴드와 같은 수면 관련 기기들처럼 입거나 장착하지 않아도 되는 편리함도 갖추고 있다. 그 덕분인지 2017년 미국 최대 크라우드 펀딩 플랫폼 킥스타터Kickstarter를 통해 약 1억 4,000만 원(10만 유로)을 모으며 수면 장애로 고민하던 사람들에게 많은 주목을 받았다.

현대인의 수면,
야망이 되다

필립스
www.philips.com

헬스케어 업체이자 가전제품 업체인 '필립스Philips'도 수면 연구에 많은 투자를 하고 있다. 필립스는 2018년 미국 라스베이거스에서 열린 '국제 전자제품 박람회 2019CES 2019'에서 수면 문제의 80퍼센트 이상을 해결한다는 포부와 함께 '스마트 슬립 솔루션' 제품군을 선보였다.

그중 조명을 활용한 '웨이크업 라이트Wake-up Light' 알람시계는 기발한 발상이 돋보이는 제품이다. 사실 알람 소리는 인체에 매우 안 좋은 영향을 미치는데, 이는 큰 소리에 몸이 깜짝 놀라며 심장 박동 수와 혈압이 상승할 뿐 아니라 근육을 신상시키기 때문이다. 웨이크업 라이트 알람시계는 '젠틀 웨이크Gentle Wake'라는 일출 시뮬레이션 기술이 적용되어 알람 시간 30분 전부터 서서히 해가 떠오르는 효과를 준다. 우리의 몸이 빛에 천천히 노출되어 기상할 때 최적의 상태가 되도록 세로토닌 생성을 돕는 원리다. 반대로 자기 전 일몰 시뮬레이션을 적용하여 서서히 줄어드는 빛과 함께 더욱 편안하게 잠을 자도록 도와준다.

필립스가 개발한 또 다른 수면 제품으로 '딥슬립 헤드밴드Deep Sleep Headband'가 있다. 이 스마트 슬립 헤드밴드는 특히 하루 수면 시간이 6시

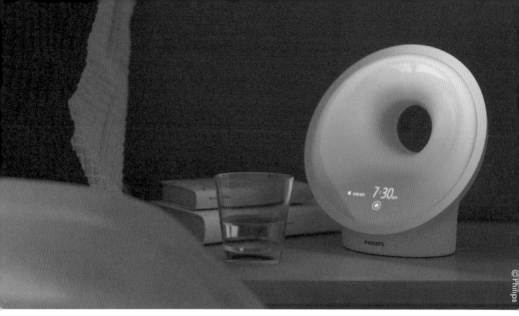

필립스 웨이크업 라이트 알람시계로 빛을 조절해 일출을 보는 듯한 효과를 준다.

딥슬립 헤드밴드는 쓰고 자는 것만으로도 수면의 질을 높여준다.

간 미만인 사람들이 큰 효과를 볼 수 있는데 사용 방법은 간단하다. 사용자가 이 밴드를 머리에 쓰고 자기만 하면 된다. 밴드에 내재된 센서로 뇌 활성화를 실시간 모니터링해 서파수면(Slow-wave Sleep), 즉 렘 수면 상태에 들어가면 이를 지속할 수 있도록 조용한 음파를 만들어 최고의 수면 상태가 유지되도록 한다.

슬립테크는 아직 초기 단계지만 수면에 대한 소비자의 욕구는 더욱 복잡하고 고차원적인 형태로 변하고 있다. 필립스가 진행한 설문 조사에 따르면 응답자 중 44퍼센트의 성인이 지난 5년간 악화된 수면을 경험하고 있으며, 10명 중 8명은 더 나은 수면을 원한다고 답했다. 이러한 진단을 바탕으로 필립스는 개선된 수면 환경을 위한 별도의 제품 라인을 개발하며 바쁘고 피곤한 현대인의 욕구를 충족해주는 혁신 아이템을 만들어내고 있다.

새로운 차원의 생리적 욕망에 집중하라

아무리 시대가 변해도 우리가 숨을 쉬고, 식사를 하고, 잠을 자고, 다음 날 일어나 하루를 시작하는 일상은 절대 변하지 않는다. 인간이라면 당연히 가지고 있는 기본 욕구의 본질은 변하지 않지만 세대가 변하고, 세상이 변하면서 '개인의 욕구'가 복잡하고 고차원적인 '모두를 위한 욕망'으로 변해가는 것을 알 수 있다. 글로벌 테크 기업들은 모두의 욕망을 충족시키는 방향으로 서비스와 제품을 개발하고 있고, 이는 기존에 없던 혁신을 일으키고자 하는 기업들의 또 다른 포부이자 욕망이 된다.

이번 챕터에서 살펴본 다양한 테크 기업들은 기본적인 의식주가 해결된 환경에서 태어난 밀레니얼과 Z세대 소비자에 집중하고 있다. 이들은 스마트폰과 함께 자란 세대이기 때문에 첨단 기술에 익숙하고 혁신에 긍정적으로 반응한다. 제품 하나를 사더라도 기업과 서비스가 그들의 가치와 부합하는지 확인한다. 그들이 선택하는 제품과 서비스는 곧 그들을 표현하는 수단이기 때문이다. 밀레니얼과 Z세대들은 음식을 배고픔을 해결하기 위한 수단으로만 여기지 않으며, 색다른 방식으로 먹기를 갈망한다. 그 어느 세대보다 기후 변화, 미세먼지 등 환경과 생태계 문제에 민감하며, 세상에 긍정적인 영향을 주고 싶어 한다.

앞으로 많은 테크 기업들이 혼자 잘 먹고 잘 살고 싶은 개인의 생리적 욕구가 아닌 모두가 함께 잘 살고자 하는 욕망이 충족될 수 있는 제품과 서비스를 만든다면, 소비자의 입장에서는 그들의 가치에 부합하는 소비를 통해 세상에 긍정적인 영향을 끼칠 것이다. 소비자의 새로운 생리적 욕망을 발견하고 만족시켜 줄 때 비로소 기업과 소비자의 선순환이 만들어질 수 있을 것이다.

1 Motivation Theory: moving beyond Maslow, 1997
2 68% of the world population projected to live in urban areas by 2050, United Nations, 2018
3 BEST INNOVATIONS 2019, Recycling pollution Gravity labs AIR-INK, TIME, 2019
4 BEST INNOVATIONS 2019, The World''s Most Advanced Mattress, Eight Sleep Pod, TIME, 2019

Chapter2.

불안은
누구도 원하지 않는다 _

안전의 욕구

SAFETY NEEDS

건강과 안전에 대한 욕구가
그 어느 때보다 중요한 시점이다.
그러나 위기는
곧 기회가 되어 줄 것이다.

우리나라 사람들 대부분은 건강한 편이다. 주요 질병으로 인한 사망률도 낮고, 기대 수명은 OECD 국가 중 상위권이다. 그러나 흥미로운 점은 지표상으로는 다른 나라에 비해 건강한 사람들이 많은데도 본인이 건강하다고 생각하는 비율은 OECD 국가 중 가장 낮다는 사실이다. 그래서인지 건강을 지키기 위한 노력도 게을리 하지 않는다. 운동과 다이어트는 매년 신년 목표 3위 안에 들어가고 병원을 찾는 비중도 높다.

특히 2020년은 코로나19 사태로 인해 건강과 안전에 대한 욕망이 어느 때보다 높은 해였다. 헬스장, 사우나에 가는 것이 불안해지고, 사람들과 거리를 유지하기 위해 신경을 곤두세우게 되었다. 미국, 독일 등 다른 국가들에서도 헬스장이 무기한 문을 닫으면서 많은 사람들이 새로운 운동 방식을 찾아야 했다.

위기는 누군가에게는 기회가 된다. 헬스장이 전부 문을 닫으면서 홈 트레이닝 기업들이 크게 성장했다. 대면 진료가 불안한 사람들로 인해 원격 진료 시장도 성장했다. 온라인으로 장을 보는 일이 늘어나면서 물류와 운송을 자동화하기 위한 투자도 늘어났다. 모두 건강과 안전에 대한 욕구를 동시에 지키고 싶은 사람들을 위한 비즈니스들이다.

건강한 몸을 갖고 싶다

건강하고 싶다는 가장 근본적인 욕구를 위해
현대인들은 그 어느 때보다 열심히 운동을
한다. 집에서든, 헬스장에서든, 한강공원에서든
운동하는 사람들을 쉽게 찾아볼 수 있다.
2020년은 피트니스 업계에 큰 위기의
시간이었다. 하지만 한편으로 많은 기업들이
이를 기회로 활용했다. 가정용 운동 기구,
피트니스 앱 스타트업들은 급격한 성장세를
이어가고 있다. 그렇다면 이들은 어떤 방식으로
위기 속에서 기회를 찾아냈는지 알아보자.

집에서 만나는
스타 트레이너

펠로톤
www.onepeloton.com

코로나19로 인해 장기간 이어진 재택근무는 운동에 대한 욕구를 더 자극했다. '모르는 사람들과 밀집된 공간에서 땀 흘리는 것은 불안하지만 운동만은 꼭 챙겨야 한다' 혹은 '재택근무로 허리가 아파서 운동이 필요하다'라고 생각하는 사람들이 늘어났다.

헬스장에는 가기 두렵지만 운동은 하고 싶은 사람들에게 홈 트레이닝, 즉 집에서 하는 운동이 큰 인기를 끌고 있다. 원래 홈 트레이닝은 집에서 간단히 할 수 있는 맨몸 운동을 뜻하는 말이었다. 하지만 헬스장에서 하던 운동을 그대로 집에서 하려는 사람들이 늘어나면서 러닝머신이나 실내 자전거 같은 본격적인 운동 기구들을 집에 갖추는 사람들이 많아졌다. 가정용 운동 기구 판매가 급증하는 와중에 특히 주목을 받은 기업이 있는데, 바로 '펠로톤Peloton'이다.

펠로톤은 실내 자전거와 러닝머신을 판매한다. 자전거는 280만 원(2,300달러), 러닝머신은 520만 원(4,300달러)의 고가 제품이다. 그럼에도 불구하고 펠로톤 사용자는 2020년 들어 두 배 이상 급증했다. 코로나19 사태로 헬스장들이 문을 닫은 영향도 있겠지만, 펠로톤의 특별한 비즈니스

펠로톤은 큰 화면으로 스타 트레이너의 수업을 들으며 운동을 하는 것이 특징이다.

펠로톤의 수업 화면. 자신의 달리기 등수를 확인하거나 같이 수업 듣는 친구와 통화도 가능하다.

모델이 인기를 모으는 데 한몫 했다.

　우선 펠로톤은 디자인적으로 훌륭하다. 큰 디스플레이와 고급스러운 재질, 멋스러운 디자인에 소음도 거의 나지 않는다. '피트니스계의 애플'이라 극찬을 받을 만큼 거실 한복판에 놔도 손색이 없다. 둘째로, 펠로톤은 당시 홈 피트니스 산업에는 없던 '구독형' 비즈니스 모델을 처음 도입했다. 펠로톤 운동 기구를 구매할 때는 월 약 48,000원(40달러)의 온라인 스튜디오 구독권을 추가로 구매해야 하는데, 피트니스 수업에 참여해보면 펠로톤만의 매력을 느낄 수 있다. 같이 수업을 듣고 있는 사람들을 실시간으로 볼 수 있어 여럿이 함께 운동하는 느낌을 살려준다. 친구에게 전화를 걸어 수업을 들으며 수다를 떨 수도 있다. 원격이지만 묘한 경쟁심도 생겨 자연스럽게 적극적으로 참여하게 된다.

　원격으로 유명 강사와 운동하는 신개념 운동 프로그램에 사람들은 열광했다. 특히 미국에서는 열 명 정도의 사람들이 강사의 구령에 맞춰 실내 자전거를 타는 그룹 피트니스 수업이 유행하고 있었기 때문에 이런

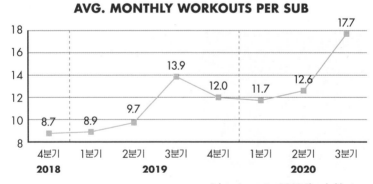

AVG. MONTHLY WORKOUTS PER SUB

Peloton Interactive 3Q20 Shareholder Letter

펠로톤 사용자들의 한 달 평균 운동 시간. 운동 시간이 꾸준히 증가하는 걸 볼 수 있다.

방식의 수업에 대한 갈증을 해소해준 것이 큰 역할을 했다.

홈 트레이닝의 장점은 언제든 쉽게 운동할 수 있다는 점이지만, 한편으로는 언제든 그만두기 쉽다는 단점이 있다. 펠로톤은 '그룹 피트니스'에 중점을 두고 사람들과 함께 운동하는 분위기를 살려 홈 트레이닝의 단점을 보완할 수 있었다. 펠로톤의 데이터에 따르면 펠로톤을 사용하는 사람들의 월별 운동 시간이 꾸준히 증가하고 있다.

그렇다면 펠로톤은 코로나19 이후에도 계속 성장할 수 있을까? 디지털 홈 트레이닝 시장을 독식하기는 어려울 수 있다는 전망이다. 경쟁사가 진입이 어려운 시장은 아닌 데다가 이미 운동 기구 제작 업체들이 유사한 서비스를 절반도 안 되는 가격에 내놓고 있기 때문이다. 펠로톤이 지금의 고가 정책을 유지한다면 가격 경쟁력에서 밀리게 될 가능성이 높을 것으로 예상된다.

© onepeloton.com

자세교정까지 해주는
AI 트레이너

오닉스
www.onyx.fit

펠로톤이 그룹 피트니스에 참여하지 못하는 갈증을 해소했다면, '개인 트레이너'와 운동하지 못하는 갈증을 해소해 주는 스타트업도 있다. 앱스토어에는 수많은 피트니스 앱이 있지만, 막상 지속적으로 사용하기에는 아쉬운 부분이 많다. 헬스장에서 트레이너가 자세를 교정해주고 한 세트 더 운동하도록 도와주는 것만큼 효과적이지 않기 때문이다. '오닉스Onyx'는 트레이너와 1 대 1로 운동하고 싶은 욕구를 인공지능 트레이너로 충족해준다.

오닉스는 운동하는 내내 카메라를 통해 인공지능 트레이너가 내 자세를 교정해준다. 팔 굽혀 펴기를 하고 있다면 "팔 간격을 넓히고 허리를 낮추세요"라고 알려주는 식이다. 다양한 유산소, 무산소 운동 프로그램이 골고루 들어 있어 전체 운동의 밸런스를 맞추는 데도 도움이 된다. 오닉스는 연 구독료 72,000원(60달러)의 유료 서비스임에도 앱 평가가 5점 만점에 4.9점일 정도로 좋다. 대부분의 사용자들은 인공지능 트레이너가 실시간으로 자세를 교정해 준다는 점을 큰 장점으로 꼽았다.

오닉스는 제임스 샤James Sha와 아사프 안토니르Asaf Antonir가 2018년에

오닉스 앱은 카메라로 사용자의 자세를 분석하고 음성으로 교정해 준다.

설립한 스타트업이다. UC 버클리대학교에서 컴퓨터 공학을 전공한 두 사람은 여러 창업 아이디어를 고민했는데 그중 둘 모두에게 와 닿았던 아이디어가 좋은 피트니스 프로그램에 대한 갈증이었다. 시중에 나온 운동 앱들을 써 봐도 운동 능력이 향상되고 있는지, 자세가 좋은지 제대로 알려주는 앱이 없다는 것이 공통된 불만이었다.

홈 트레이닝 시장이 커지면서 카메라를 활용한 원격 운동 프로그램 또한 늘어나고 있는 추세다. 스마트 거울을 보며 운동을 따라할 수 있는 '미러Mirror'라는 서비스는 원격으로 개인 트레이너와 소통하며 운동하는 프로그램을 제공하고 있다. 화상 채팅으로 수업을 제공하는 트레이너들도 늘어나고 있다. 인공지능 트레이너가 개인 트레이너의 맞춤형 수업을 완벽하게 대체할 수는 없지만 오닉스에 많은 사람들이 관심을 보이고 효과를 경험하고 있다는 사실은 상당히 주목할 만하다.

그 누구의 것도 되지 못한
공유 자전거

오포

자전거를 타고 거리를 활보하고 싶은 소비자 욕구를 충족하기 위해 시작됐지만 지나친 경쟁과 코로나19 사태로 크게 흔들리고 있는 시장이 있다. 바로 공유자전거 시장이다.

공유자전거는 한강의 자전거 대여소와 비슷한 개념이지만, '대여소'의 필요성을 없앤 것이라고 할 수 있다. 한강 둔치에서 자전거를 대여하는 경우, 지정된 대여소에서 자전거를 빌리고 다시 같은 장소에 반납해야 한다면, 공유자전거는 언제 어디서든 모바일 앱으로 빌리고 반납할 수 있다. 도시 곳곳에 배치된 자전거를 빌려 타고 원하는 곳에서 내려 적당히 세워 두면 된다.

대여소나 거치대가 필요 없는 공유자전거를 처음 만든 것은 중국 베이징에서 탄생한 '오포ofo'다. 오포는 베이징대학교 자전거 동아리 멤버 5명이 2014년에 설립한 회사다. 관광객들에게 자전거를 빌려주는 사업을 하려다가 자전거 공유 사업으로 전환했다. 출시하자마자 2만 명의 사용자를 모으며 큰 인기를 끌었다. 중국에서는 공유자전거가 '4대 현대 발명품' 중 하나라며 극찬을 받았다. 오포는 2조 원 이상의 기업 가치를 인정

오포 자전거가 영국 런던 도심에 배치된 모습. 전 세계 250여 개 도시에 진출했던 오포는 불과 2년 만에 몰락했다.

2017년 중국 허페이시의 자전거 무덤. 불법 주차된 자전거들을 정부에서 수거해 운동장에 방치해 둔 모습이다.

받으며 세계 250여 개 도시에 진출했다.

하지만 얼마 지나지 않아 경쟁자들이 대거 시장에 뛰어들었다. 오포는 사용자를 늘려 덩치를 키우는 데 급급하게 되었고, 그러다 보니 고장난 자전거를 수리하기보다 폐기하는 정책을 택했다. 예치금과 투자금을 끌어 손실을 메꾸는 악순환이 계속되었다. 그러다 경쟁사 모바이크Mobike 가 예치금 0원 정책을 내놓자 남아있던 고객마저 한순간에 빼앗기며 2년 도 되지 않아 몰락했다.

공유자전거 사업이 특히 다른 사업에 비해 어려운 점은 고장이나 도난으로 인한 손실 때문이다. 대당 42만 원(350달러)의 고가 자전거임에도 불구하고 시간당 몇천 원, 때로는 몇백 원에 대여하다 보니 사람들이 함부로 다루는 것이다. 모바이크는 영국 맨체스터 시티에서 10퍼센트의 자전거가 고장나거나 도난당하며 사업을 중단했다. 같은 해 중국에서는 도난당한 3,000대의 자전거를 강에서 건져 올리는 사태가 생기기도 했다.

엎친 데 덮친 격으로 코로나19 사태는 거품이 빠지고 있는 공유자전거 시장에 그야말로 찬물을 끼얹었다. 2020년 3월, 미국의 모든 공유자전거는 코로나19로 인해 운행이 중단되었다. 오포가 철수한 뒤 미국에서는 라임Lime과 점프Jump가 양강 구도를 형성하고 있었는데, 점프는 코로나19로 인한 운행 중단과 모기업 우버Uber의 재정 위기로 라임에 인수되었다.

그런데 흥미로운 사실은 코로나19 사태가 장기화되면서 자전거 시장이 오히려 살아나고 있다는 점이다. 대중교통 대신 자전거로 출퇴근 하는 사람들이 늘어났기 때문이다. 런던에서는 코로나 이전에 비해 사람들의 자전거 이용 거리가 10배 늘었다. 미국 대도시 자전거 가게들은 재고를 구비할 틈이 없을 정도로 불티나게 팔린다고 한다. 이동 규제가 완화된 일부 도시에서는 공유자전거 사용자도 다시 증가하고 있다.

뉴욕의 자전거 가게 주인은 이렇게 자전거가 잘 팔린 것은 1980년 뉴욕 전철 파업 이후 처음이라고 말했다.

　　오포의 실패 이후 다른 스타트업들은 이를 반면교사 삼아 수익을 늘리는 것에 집중하고 있다. 미국의 인터넷 매체 〈더 인포메이션The Information〉이 공유 전기스쿠터 회사인 버드Bird의 수익성에 의문을 제기하자[1] 버드의 CEO는 사용자가 스쿠터를 탈 때마다 수익이 발생한다는 자료를 제공하며 바로 반박했다[2]. 또한 앞으로 어떻게 기기당 수익성을 개선해 나갈 것인지를 보여줘 2020년 초 900억 원(7,500만 달러)의 자금을 추가로 유치하는 데 성공했다. 버드는 2020년 9월부터 판매용 전기스쿠터인 '버드 에어Bird Air'를 내놓는 등 수익 다각화를 추구하고 있다.

어디서나 편안하게 치료받고 싶다

코로나19 사태를 떠나 병원 방문은 환자 입장에서 상당히 번거로운 일이다. 단순히 시간이 없거나, 병원이 너무 멀어서 혹은 신체적 결함으로 거동이 불편해 방문이 어려운 사람도 있다. 한편으로 병원 입장에서 방문 환자의 감소는 큰 손실이다. 따라서 치료 받고 싶다는 욕구를 해결할 새로운 혁신이 필요했고, 그에 따라 원격 진료 시장이 비약적으로 성장하고 있다. 코로나19로 인해 한국에서도 한시적으로나마 전화 상담과 처방이 허용되기도 했다[3]. 특히 미국에서는 원격 진료와 대면 진료의 의료 수가酬價를 동일하게 적용하면서 원격 진료 통합 솔루션을 제공하는 기업들이 주목받고 있다.

내 손 안의
주치의

텔라독
teladochealth.com

2002년 뉴욕에서 설립된 '텔라독Teladoc Health'은 원격 진료 시장의 문을 연 기업이다. 현재 미국 원격 진료 시장의 75퍼센트를 점유하고 있으며 텔라독의 모바일 앱을 통해 365일 24시간 언제든 원격 진료를 받을 수 있다. 감기나 가벼운 복통의 경우 가까운 약국으로 처방전을 보내주고 추가 진료가 필요하다고 판단될 경우, 환자가 원하는 병원으로 텔라독의 진료 기록을 보내준다.

텔라독은 약국, 병원, 구급차 등의 의료기관을 환자와 유기적으로 연결시켜주는 종합 원격 진료 시스템을 지향한다. 이런 시스템을 갖추기 위해 2014년부터 총 12개의 원격 진료 관련 회사를 인수해왔다. 7,200억 원(6억 달러)에 인터치InTouch를, 20조 원(185억 달러)에 리봉고Livongo를 인수하는 등 공격적인 행보를 보이고 있다. 인터치는 중환자실 진료, 심장 질환, 정신 질환 등 다양한 분야를 다루고, 의료 기록 시스템을 제공하던 기업이다. 리봉고는 당뇨병 등 만성 질환 관리 시스템을 가진 기업이다. 텔라독은 그동안 감기와 같은 일회성 진료에 초점을 맞춰 왔는데, 인터치와 리봉고 인수를 통해 중증 질환, 정신과 질환 및 만성 질환까지 영역을 넓히는 한편, 의료 기관에도 효율적인 관리 시스템을 제공할 수 있게 되었다.

그러나 텔라독이 원하는 방향으로 시너지가 이루어질지 우려스럽게 보는 시선도 적지 않다. 리봉고 인수 발표 직후 두 회사 모두 20퍼센트 이상 주가가 떨어질 정도로 시장에 큰 충격을 주었다. 텔라독은 환자가 의사를 선택할 수 없도록 되어 있는데, 이는 의사들의 진료를 일회성으로 만들어 의사들에게 주도권을 뺏기지 않기 위한 정책이다. 하지만 리봉고의 만성 질환 진료에는 이런 모델이 적용되기 어려운 만큼 텔라독이 원하는 방향으로 두 회사의 시너지가 이루어질지 지켜봐야 할 것이다[4].

이러한 우려에도 불구하고 텔라독은 2020년 1분기에만 2,100억 원(1억 8,000만 달러)의 수익을 달성했으며, 가입자 수도 600만 명 증가했다. 2020년 7월 기준, 시총 20조 원(183억 달러)의 기업이 되었다. 포스트 코로나 시대에는 텔라독과 같은 원격 진료 사업이 디지털 헬스케어 시장의 큰 축이 될 것으로 보인다.

텔라독 앱 화면. 간단히 의료 기록을 입력하면 바로 원격 진료를 받을 수 있다.

인공지능이 분석하는
X레이 사진

지브라 메디컬 비전
www.zebra-med.com

인공지능을 활용해 단 몇 초 만에 코로나19 바이러스 진단을 할 수 있는 기술이 주목받고 있다. 특히 현재 가장 보편적인 코로나19 진단 방법인 PCR 검사 보급이 원활하지 않은 상황에서 많은 과학자들이 흉부 X레이 사진으로 코로나19를 진단하는 방법을 연구했다. 의료영상 분석을 하는 스타트업들 역시 기존의 분석 기술을 변환해 코로나19 진단에 활용하기 시작했다.

'지브라 메디컬 비전Zebra Medical Vision(이하 지브라 메드)'도 그중 하나이다. 지브라 메드는 딥러닝 기반의 의료영상 분석을 하는 이스라엘의 스타트업이다. 이 회사의 코로나19 진단 기술은 인도의 병원 체인 중 하나인 아폴로 병원Apollo Hospitals Group에서 2020년 6월부터 활용되고 있다.

지브라 메드는 의료영상 기술로 6개의 미국 식품의약국FDA 승인을 받았다. 의료영상 종류 중 8할을 커버하는 광범위한 승인이다. 지브라 메드의 응급 환자 분류(Triage) 시스템은 여러 환자의 X선 사진을 동시에 분석해 위급한 환자를 우선적으로 알려준다. 이 시스템을 사용하면 위급한 환자를 치료하기까지 걸리는 시간을 80퍼센트나 단축할 수 있다.

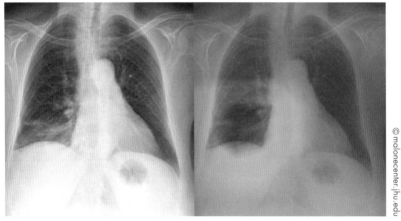

© malonecenter.jhu.edu

존스홉킨스대학교에서 발표한 인공지능 코로나 진단 기술. 흉부 X선 사진을 분석해 수 초 안에 코로나를 진단한다.

지브라 메드의 딥러닝 기반 의료영상 분석은 진단 시간을 획기적으로 단축시킬 수 있다.

© prnewswire.com

그렇다면 인공지능 기반의 의료영상 진단은 얼마나 믿을만할까? 의사들의 의료영상 오진단 사례는 25퍼센트가 넘고, 미국의 방사선 전문의들 30퍼센트 정도가 오진단으로 인한 민원을 받은 경험이 있다고 한다. 이런 상황이라면 수백만 장의 의료 사진을 분석해 0.01초 내에 진단을 내려주는 인공지능 시스템이 더 믿을만할지도 모르겠다.

　　하지만 한편으로는 인공지능의 잘못된 진단으로 인한 부작용도 우려된다. 한 연구에 따르면 인공지능의 분석 결과를 참고한 의사들은 진단 시간이 줄어들기는 했지만, 인공지능이 잘못 진단할 경우 의사들의 오진단율 역시 높아졌다. 인공지능 시스템의 분석을 안심하고 사용하기 위해서는 이런 현상을 줄이기 위한 연구가 매우 중요한 상황이다.

정밀 수술,
이제는 로봇이 집도한다

비카리우스 서지컬

www.vicarioussurgical.com

수술을 받아야만 하는 환자라면 무엇을 가장 바라게 될까? 우선적으로는 성공적인 수술이겠지만, 조금 더 욕심을 낸다면 가능한 작은 흉터만 남기를, 빨리 회복해서 퇴원할 수 있기를 바랄 것이다. 이렇게 '더 나은 수술'을 받고 싶은 우리의 욕구를 충족하고자 하는 기업들이 있다. 바로 수술 로봇 스타트업들이다.

애덤 삭스Adam Sachs와 새미 칼리파Sammy Khalifa는 MIT 학부 시절부터 로봇을 이용한 정밀 수술 사업에 대한 구상을 하기 시작했다. 기계 공학과 전공인 이들은 애덤이 졸업한 이듬해인 2014년 외과의사 배리 그린Barry Greene과 함께 '비카리우스 서지컬Vicarius Surgical(이하 비카리우스)'을 설립한다. 비카리우스의 목표는 최소한의 절개만으로 수술을 할 수 있도록 의사를 돕는 것이다. 이를 위해 의사들이 가상현실로 확대된 수술 부위를 보면서 로봇으로 정밀한 수술을 할 수 있도록 한다. 비카리우스의 수술 로봇은 두 팔이 사람과 똑같이 움직일 수 있도록 디자인됐는데 그 간격이 십여 센티미터로 아주 작다. 마치 작게 축소된 의사가 환자 몸 안으로 들어가 수술을 하는 것 같은 효과를 내기 위해서다.

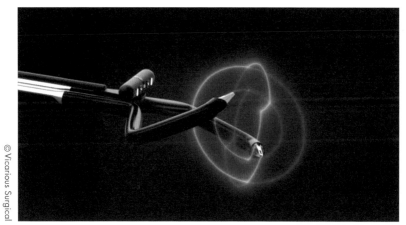

비카리우스의 수술 로봇. 사람 팔과 똑같이 움직이지만 크기는 십여 센티미터에 불과해 정교한 수술이 가능하다.

가상현실을 사용한 수술 보조 기술의 컨셉 사진. 3D로 장기를 시각화해 수술 부위를 더 잘 볼 수 있게 해준다.

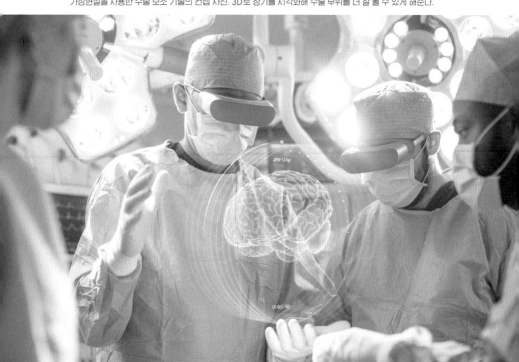

사실 수술 로봇은 새로운 기술은 아니다. 2000년에 출시된 수술 로봇 다빈치da Vinci는 이미 전 세계 67개국에서 600만 건 이상의 수술을 시행했다. 숙련된 외과의의 경우, 다빈치 로봇을 이용해 포도 껍질을 까는 수준의 정밀한 제어가 가능하다. 하지만 수술의 성공 여부는 여전히 의료진의 임상 경험과 숙련도에 크게 좌우된다.

수술 로봇이 앞으로 더 널리 쓰이기 위해서는 인공지능과 가상현실이 어떤 기능을 더해줄지가 관건이다. 수술의 성공률을 높이고 후유증을 줄여줄 수 있다면 더 나은 수술을 받고 싶은 환자들의 욕구를 충분히 충족시킬 수 있을 것이다.

위험으로부터
나를 지키고 싶다

빠르고 안정된 데이터 전송이 가능한 통신 기술의 발전으로 우리는 언제나 인터넷과 연결된 삶을 살고 있다. 덕분에 편리한 삶을 얻었지만 그에 따른 문제점도 함께 발생했다. 바로 '보안'에 대한 것이다. 많은 업무가 진행되는 컴퓨터, 모든 개인정보가 들어 있는 스마트폰, 주행보조 시스템이 탑재된 자동차 등을 통해 인터넷과 24시간 연결된 우리는 항상 해킹의 위험에 노출되어 있다. 우리의 삶은 어떻게 위협받고 있으며, 어떤 대책을 강구할 수 있을까?

자동차 해킹을
차단하라

아구스 사이버 시큐리티
argus-sec.com

2020년 6월, 미국 국가보안국NSA 출신 해커인 찰리 밀러Charlie Miller와 크리스 밸러섹Chris Valasek은 체로키 지프를 원격으로 해킹하는 실험을 공개했다. 이 차에서 인터넷과 연결된 장치는 엔터테인먼트 시스템이 전부였다. 하지만 바로 이 엔터테인먼트 시스템을 통해 두 해커는 차량을 완전히 통제했다. 고속도로를 주행하던 차량의 와이퍼를 움직여 운전자의 시야를 가리고, 브레이크와 액셀이 동작하지 않도록 만들었다. 이 실험은 피실험자인 〈와이어드Wired〉의 기자가 패닉에 빠져 해커들에게 소리치는 것으로 끝났다.

최근에 출시되는 자동차에는 대부분 온라인에 연결된 센서와 주행보조 시스템이 들어가는데, 이 시스템을 해킹하면 원격으로 운전자를 위험에 빠뜨릴 수 있다. 특히 주행보조 시스템을 업데이트하기 위해 연결돼 있는 클라우드는 자동차를 쉽게 해킹할 수 있는 통로가 된다. 인터넷에 연결만 된다면 구형 자동차 역시 해킹당할 수 있다. 이미 2015년부터 해커들은 BMW, 테슬라Tesla, 폭스바겐Volkswagen, 아우디Audi 등 다양한 브랜드의 자동차들이 해킹될 수 있다고 지적해왔다.

와이어드에서 진행한 자동차 해킹 실험. 해커들은 인터넷에 연결된 시스템을 통해 차량을 완전히 제어했다.

'아구스 사이버 시큐리티Argus Cyber Security(이하 아구스)'는 2013년에 설립된 이스라엘의 스타트업으로 2023년까지 전 세계 모든 자동차를 해킹으로부터 보호하는 것이 목표다. 공동 창업자 세 명은 모두 이스라엘의 사이버정보부대 유닛 8200Unit 8200 출신이다. 특히 CEO 오퍼 벤눈Ofer Ben-Noon은 각종 보안 프로젝트에 참여하며 대통령이 수여하는 '이스라엘 국방외 상'을 두 번이나 받은 베테랑이다.

아구스는 2018년에 세계에서 세 번째로 큰 자동차 부품 회사인 콘티넨탈 AGContinental AG에 4,800억 원(4억 달러)에 인수되었다. 콘티넨탈 AG는 인수 이후 아구스의 기술을 모든 자동차 전자 부품에서 사용한다.

보안이 되지 않은 자동차를 해킹하는 것은 생각보다 어렵지 않다. 자동차의 주행보조 기능이 확대될수록, 보안에 대한 위험도 커질 것이다. 주행보조 시스템과 보안에 대한 개발이 함께 이루어져야 하는 이유이다.

퀀텀 해커,
퀀텀으로 방어한다

아이디 퀀티크
www.idquantique.com

구글Google의 CEO 순다르 피차이Sundar Pichai는 2020년 다보스 국제경제 포럼에서 "향후 5년에서 10년 사이에 양자컴퓨터로 인해 기존의 사이버 보안 시스템이 무용해질 수 있다"고 말했다. 2019년 10월 구글은 현존하는 가장 뛰어난 슈퍼컴퓨터인 IBM의 서밋Summit보다 300만 배 빠른 성능의 양자 프로세서 '시카모어Sycamore'를 발표했다. 서밋은 고사양의 맥북 프로보다 3만 배 빠른 성능인데, 시카모어는 서밋으로 50년이 걸리는 연산을 1초에 끝낼 수 있다. 양자비트(Qubit)를 사용해 수백만 가지 경우의 수를 단숨에 하나로 줄일 수 있기 때문이다. 양자컴퓨터의 상용화는 이제 구체적인 시기와 방법을 논하는 단계가 되었다.

양자컴퓨터로 인해 가장 위험해질 것으로 꼽히는 것은 사이버 보안이다. 사이버 보안 시스템은 일반적으로 암호 해독에 수십 년 이상 걸리는 연산을 이용해 만들어진다. 그런데 양자컴퓨터를 이용하면 이런 연산조차 몇 분 안에 해독할 수 있다. 개인정보는 물론, 전 세계의 은행과 병원, 정부 기관 등의 암호 시스템이 무용해진다. 블록체인을 이용한 암호화폐도 위험해진다.

이 때문에 주목받게 된 것이 '양자 보안'이다. 양자 보안은 양자컴퓨터로도 보안을 풀 수 없게 하는 것이 목적으로 크게 세 가지 기술로 꼽힌다. 패턴 분석이 불가능한 난수를 만드는 '양자 난수 생성기', 양자를 담은 암호키를 전송하는 '양자 암호키 분배', 양자컴퓨터의 모든 공격에 내성이 있는 공개키 암호인 '양자 내성암호'이다.

양자 난수 생성기와 양자 암호키 분배 기술을 둘 다 상용화해 판매하고 있는 기업은 전 세계적으로도 손꼽히는데 그중 하나가 바로 2018년 SK텔레콤이 인수한 스

세계 최초 양자 보안 스마트폰 갤럭시 퀀텀.

위스 제네바의 양자 암호 통신 기업 '아이디 퀀티크ID Quantique'이다. 양자 암호키 분배는 통신 중에 해킹을 당하면 그 사실을 알 수 있기 때문에 가장 안전한 보안 기술이다.

아이디 퀀티크는 제네바대학교에서 양자물리를 연구하던 그레구아르 리보르디Crégoire Riboudy 박사가 2001년에 설립한 기업이다. 세계 죄초로 양자 암호키 분배 시스템을 상용화시켰으며, 2016년에는 세계에서 가장 작은 양자 난수 생성기를 개발했다.

2020년 6월 SK텔레콤은 삼성, 아이디 퀀티크와 함께 세계 최초로 양자 난수 생성 칩을 탑재한 5G 스마트폰 '갤럭시A 퀀텀'을 출시했다. KT는 양자 암호 통신 국제 표준 두 건을 승인받았고, LG유플러스는 양자 내성암호를 고객 전용망 장비에 적용했다. 머지않아 국내에서도 각종 사이버 보안 시스템에 양자 보안 기술이 적용될 것으로 기대된다.

천리안으로 막는
트레일러 대형사고

투심플
www.**tusimple**.com

현대인이라면 누구나 교통사고의 위험에 노출되어 있다. 운전자, 동승자, 보행자 모두에게 끔찍한 재앙이다. 교통사고를 줄이는 것이야말로 안전을 위한 욕구 중 가장 큰 욕구일지도 모른다. 교통사고 중 가장 위험한 유형은 화물차 사고다. 한국에서는 과속 화물차가 연간 50,000대 이상 적발된다. 과속 화물차 사고는 일반 교통사고에 비해 치사율이 17배나 높다. 화물차는 전복될 위험도 높아 과속 운전이 큰 사고로 이어진다. 미국에서는 매년 약 4,700명이 화물 트럭 사고로 사망한다.

화물 트럭 산업의 가장 큰 문제는 트럭을 운전할 인력이 부족하다는 것이다. 미국의 화물 트럭 운전자는 총 200만 명 정도인데, 10만 명 정도의 인력이 부족한 것으로 추산되고 있다. 인력이 부족하다 보니 밤늦게 과속 운전을 하는 일이 늘어나고 사고도 자주 발생한다.

'투심플TuSimple'은 이런 화물 트럭의 인력 부족과 안전 문제를 해결하기 위한 자율주행 스타트업이다. 투심플의 가장 큰 강점은 한밤중에도 전방 1킬로미터, 후방 350미터까지 감지할 수 있는 영상 인식 기술이다. 80미터 이내의 초단거리에서는 더 정확도가 높은 센서를 사용해 안전하게 주

2019년 라스베이거스 국제 전자제품 박람회에서 투심플이 전시한 자율주행 트럭.

투심플의 영상 인식 기술. 원거리, 중거리, 근거리 각각 전용 카메라로 주변 상황을 분석한다.

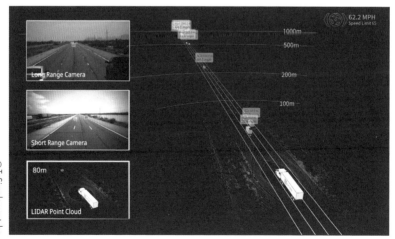

© TuSimple youtube

행한다. 이 기술을 앞세운 투심플은 이미 4단계 자율주행, 즉 운전자는 타고 있으나 운전은 자율주행 시스템이 하는 단계까지 도달했다.

전체 길이가 21미터에 달하는 대형 화물 트럭을 운전하는 일은 결코 쉽지 않다. 이를 감안해 투심플은 각 트럭마다 슈퍼컴퓨터급의 서버를 탑재했다. 서버에서 100여 개의 인공지능 모듈이 주변 차량 속도를 분석하고 초당 1테라바이트의 데이터를 처리한다. 그 결과 시속 100킬로미터에서도 트럭을 5센티미터 내외의 정확도로 운전할 수 있다.

투심플의 목표는 2024년까지 완전 자율주행을 구현하는 것이다. 설립자 샤오디 호우Xiaodi Hou는 고속도로에서의 완전 자율주행은 일반 도로보다 실현 가능성이 높다고 말한다. 고속도로는 보행자가 있는 일반 도로에 비해 변수가 적기 때문이다. 투심플은 현재 미국의 네 개 도시(피닉스, 투손, 엘패소, 댈러스)를 잇는 일곱 개 루트를 운행하고 있다. 2024년까지 하와이와 알래스카를 제외한 미 48주 전역에서 운행하는 것이 목표이다.

건강과 안전에 대한 욕구가 그 어느 때보다 중요한 시점

코로나19 사태는 전 세계적인 재앙이지만, 아이러니하게도 건강 관련 스타트업들에게는 호재가 되고 있다. 그동안 주목받지 못했던 디지털 헬스케어와 홈 트레이닝 기업들은 단숨에 수익을 끌어올렸다. 평소였다면 승인이 더뎠을 최첨단 의료 기술은 코로나19의 진단을 위해 시험 사용이 앞당겨졌다. 병원에서도 의료 과부하를 해결하기 위해 적극적으로 인공지능 시스템을 도입하게 되었다.

기술의 빠른 발전의 이면에는 언제나 위험이 도사리고 있다. 5G를 활용한 초연결 사회에서 우리는 자동차를 탈 때조차 해킹의 피해자가 될 수 있다. 양자컴퓨터의 상용화는 현존하는 모든 보안 시스템이 무효화되는 사태를 초래할 수 있지만 이러한 위험을 기회로 삼는 기업들도 있다. 안전에 대한 욕구에 방점을 두고, 양자 보안이나 자동차 보안 시스템을 개발하는 기업들이다.

하지만 모든 것이 비즈니스만으로 해결될 수는 없을 것이다. 인공지능의 오신난에 대한 책임을 묻는 법적 규제나 인공지능을 통한 자동화로 인해 실직하는 사람들을 위한 사회적 제도 마련 역시 절실하다. 빠르게 발전하는 기술의 양면성을 많은 사람들이 이해할 수 있도록 과학계 또한 노력해야 할 것이다.

1   Hit by Big Loss, Bird Seeks $300M in New Funds, The Information, 2019
2   Bird has 'positive unit economics' with its custom scooter model, CEO says, TechCrunch, 2019
3   http://www.dailymedi.com/detail.php?number=853534
4   http://www.chiweon.com/teladoc%EA%B3%BC-livongo%EC%9D%98-%ED%95%B3%91-%EB%B0%B0F-telavongo%EC%9D%98-%ED%83%84%EC%83%9D/?ckattempt=1

Chapter3.

사람은
언제나 함께여야 한다_

사랑과 협업의 욕구

LOVE AND BELONGING NEEDS

인간은 사랑과 소속감의 욕구를

채우기 위해 소통 도구를 발명해왔다.

그 결과 전화기, PC, 스마트폰이

탄생했으며 언제 어디서나

서로를 연결하는 것이 가능해졌다.

전 세계 사람들은 스마트폰으로 무엇을 가장 많이 할까? 모바일 시장 조사 업체 앱애니App Annie가 2019년에 발표한 리포트에 따르면, 2010년 부터 2019년까지 10년간 가장 많이 다운로드된 앱은 페이스북Facebook 이라고 한다. 2위는 페이스북 메신저, 3위는 왓츠앱 메신저, 인스타그램 Instagram이 4위, 스냅챗Snapchat이 5위였다.

흥미로운 사실은 상위 5개 앱 모두 나와 타인을 연결하는 서비스라는 것이다. '타인과 연결되고 싶다', '사랑하고 싶다', '그룹에 소속되고 싶다' 라는 인간의 기본 욕구가 모바일 앱 시장에도 그대로 투영됐다는 것을 알 수 있다.

이러한 현상은 국내 모바일 시장에서도 비슷하게 발견된다. 싸이월드, 아이러브스쿨 등 이제는 역사 속으로 사라진 과거 인기 커뮤니티 서비스 들이 그랬다. 최근에는 국민 메신저 카카오톡, 인스타그램, 페이스북, 틱톡 TikTok 등이 대중적인 인기를 누리고 있다.

이번 챕터에서 주목할 욕구는 바로 '사랑'과 '소속감'에 대한 욕구다. 여 기서 사랑은 연인 간의 사랑을 뜻하며, 소속감은 자신이 어떤 집단에 소 속되어 있음을 자각하는 것을 의미한다. 즉, 소속감은 다른 사람과의 소 통뿐 아니라 가족, 친구들과 애정을 나누고, 협동을 통해 동질감을 느끼 고 싶어 하는 마음을 두루 아우른다. 글로벌 테크 시장에서 사랑과 소속 감에 대한 욕구를 충족시키기 위해 어떤 비즈니스들이 있는지 하나씩 살 펴보자.

Top 10 Apps by All-Time Downloads 2010-2019
앱애니가 발표한 인기 앱 상위 10개

Rank		Apps	Parent Company	HQ
1		Facebook	Facebook	United States
2		Facebook Messenger	Facebook	United States
3		WhatsApp Messenger	Facebook	United States
4		Instagram	Facebook	United States
5		Snapchat	Snap	United States
6		Skype	Microsoft	United States
7		TikTok	ByteDance	China
8		UC Browser	Alibaba Group	China
9		YouTube	Google	United States
10		Twitter	Twitter	United States

Note: Combined iOS and Google Play data begins in January 2012. Data through December 32, 2011 includes iOS data only; 2019F based on January to November data

24시간
사람들과 연결되고 싶다

아리스토텔레스는 '인간'을 사회적 동물Social Animal이라 칭했고, 한자에서는 사람 인人에 사이 간間을 써서 '사람의 사이'라는 뜻을 담았다. 동서양 모두 인간을 타인과 관계하는 존재로 바라본 것이다. 관계는 연결을 통해 이뤄지고 현대인들은 IT 기술을 통해 연결 욕구를 해결했다. 이제는 공간에 제약 없이 수십, 수만 킬로미터가 떨어진 곳에서도 옆에 있는 것처럼 문자, 전화, 그리고 영상으로 연결되고 있다

전 세계를
화상으로 잇다

줌

zoom.US

에릭 위안Eric Yuan은 중국 산둥성 작은 시골 마을에서 자랐다. 그는 학교 가 끝나면 공사 현장을 다니며 자재를 주웠고, 자재 중에 구리를 추출해 돈을 벌 정도로 영리했다. 시간이 흘러 스무 살 대학생이 된 그에게 꿈에 그리던 여자친구가 생겼다. 하지만 장거리 연애였기에 한번 만나려면 기 차를 10시간 동안 타야 했다. 사랑하는 여자친구를 어디에서나 볼 수 있 는 화상 전화가 있다면 얼마나 좋을지 만나러 가는 기차 안에서 생각하 고는 했다. 하지만 1980년대 당시 중국에는 인터넷이 존재하지 않았고 에 릭의 상상은 그야말로 꿈같은 것이었다.

이후 베이징에서 엔지니어로 일하던 그는 미국에 불던 닷컴 열풍 소식 을 들었고, 미래는 인터넷에 있다고 확신하게 되었다. 2년 동안 시도한 끝 에 아홉 번째 만에 비자를 받아 미국으로 건너간 그는 화상 회의 소프 트웨어를 개발하던 스타트업 웹엑스WebEx에 입사한다. 2007년, 웹엑스는 시스코CISCO에 인수되며 에릭은 30대 후반의 나이로 시스코 엔지니어링 부사장 자리까지 오른다.

실리콘밸리 대기업인 시스코의 부사장 직함을 가졌으니 흔히 사회에서 말하는 성공한 사람이 되었지만 그는 도전을 멈추지 않았다. 여자친구를 어디서나 보고 싶어 했던 대학생 시절 욕구는 더 쉽고, 더 편한 화상 회의 솔루션을 만들고 싶다는 욕망으로 진화했다. 그는 2011년 안정적인 자리와 높은 급여를 뒤로하고 동료들과 함께 회사를 설립하는데 그 회사가 바로 '줌 비디오 커뮤니케이션Zoom Video Communications(이하 줌)'이다.

에릭은 회사를 시작할 당시를 이렇게 회상한다.

"이미 많은 대기업이 스카이프Skype, 행아웃Hangouts, 웹엑스 등 다양한 화상 회의 시스템을 도입하고 있었고, 그들 뒤에는 마이크로소프트Microsoft, 구글, 시스코가 있었다. 줌은 혼자였다. 후발 주자에 자금도 넉넉하지 않았다. 하지만 웹엑스에서 일할 때 고객들이 했던 수많은 불평은 나를 움직이게 만들었다. 더 나은 화상 회의 솔루션이 필요하다는 사명감이 생겼다. 그래서 처음부터 다시 시작할 수 있었다."

2013년 '줌 미팅'을 시작으로 '줌 룸', '줌 폰', '줌 비디오 웨비나'를 성공적으로 론칭했다. 줌의 화상 회의 솔루션을 비디오 통합 커뮤니케이션 플랫폼(Video-first Unified Communications Platform)이라고 명칭하는 것에서 볼 수 있듯이 '비디오 우선' 전략을 취했다. 다른 화상 회의 솔루션이 전화, 채팅 툴을 먼저 구현하고 비디오 기능을 추가한 것과는 다른 접근이었다. 좋은 품질의 비디오를 다양한 기기에서 끊김 없이 전달할 수 있도록 만들었다. 인터넷 환경이 불안정한 곳에서 다른 회사의 서비스들은 끊김이 있는데 줌은 그렇지 않다는 소비자 평가가 나오기 시작했다. 무료 사용 후 유료로 전환하는 정책은 기업들의 이목을 끌었다. 서비스에 대해 자신감이 있기에 할 수 있는 마케팅이었다. 가격도 타사 대비 저렴했다. 그러자 많은 기업들이 줌을 선택했다.

코로나19가 확산된 이후, 줌은 전 세계 사람들이 선택한 언택트 시대

© zoom.us

중국 작은 시골 마을 청년에서 줌의 CEO가 된 에릭 위안.

다수 인원이 줌으로 화상 회의를 하는 장면. 줌은 고품질의 비디오를 제공해 고객을 사로잡았다.

© zoom.us

의 대표 화상 회의 솔루션이 되었다. 기업뿐만 아니라 개인도 쉬운 사용방법과 다양한 기기에 접속 가능하고, 특히 좋은 품질의 비디오를 제공하는 줌을 선택했다. 2020년 2분기 한 달 평균 줌의 이용자 수는 1억 4,800만 명이었고, 이는 2019년 대비 47배 증가한 숫자였다. 2020년 초 대비 주가는 369퍼센트 상승했다.

지금 줌에서는 비즈니스 미팅 이외에도 다양한 연결이 이뤄지고 있다. 기타 교습이나 요가 수업이 열리기도 하며, 학교 정규 수업이 진행되기도 한다. 각자 집에서 음식을 먹으며 회식을 진행하거나 파티를 열기도 하며, 소중한 결혼식을 올린다. 물리적으로 떨어져 있을 수밖에 없는 코로나19 대유행 시기에도 줌을 통해 연결을 이어가며 소속감을 느끼고 있는 것이다. 대학생 에릭이 가진 연결되고자 했던 욕구는 이제 줌이란 이름으로 전 세계를 잇고 있다.

22조 원 가치
메신저의 탄생

왓츠앱
www.whatsapp.com

'왓츠앱WhatsApp'의 CEO 얀 쿰Jan Koum은 야후에서 9년 동안 일하다 퇴사하고 야후에서 받은 스톡옵션과 저축한 돈으로 긴 휴식을 시작했다. 세계 곳곳을 여행하는 동안 그의 손에는 노키아6610 휴대폰이 들려 있었는데 가족, 친구들과 연락하기에 어려움이 많았다. 각 나라에 도착하자마자 그 나라 SIM카드를 넣어도 국제 전화 연결 방법과 '+'로 시작되는 국가 번호 사용이 큰 장애물이었다. 여행을 마치고 돌아온 쿰은 페이스북에 입사 지원했으나 떨어졌다. 낙심하지 않고 그는 자신이 여행하면서 겪었던 어려움을 해결할 서비스를 만들기로 했다. 왓츠앱의 시작이었다.

2009년 당시 휴대폰에는 메신저 앱이 존재하지 않았다. 통신사가 제공하는 문자 서비스만 존재했는데 단문 메시지는 영문 기준 최대 160자를 담을 수 있었고, 글자 수가 하나만 넘어가도 문자가 쪼개져 메시지 요금을 두 번 지불해야 했다. 국제 문자는 더 비쌌다. 생각 없이 사용하다 요금 폭탄을 맞는 일이 허다했다. 그러던 중에 왓츠앱이 출시되었다. 왓츠앱은 첫 해에는 무료였고, 길이도 횟수도 무제한이었으며, 지역에 상관없이 전 세계 어디든 보낼 수 있었다. 두 번째 해부터는 연 1,200원(0.99달러)을 받았는데 많은 사용자들이 기꺼이 요금을 지불했다. 당시에는 돈을 내고 앱을 사용한다는 개념이 없던 때라 사용자들이 지갑을 여는 행동은 상당한 의미가 있었다. 전 세계에서 다운로드 수가 급증했고, 특히 문자 비용이 많이 드는 유럽에서 인기가 많았다.

왓츠앱은 사용자 요구에 귀를 기울이며 가능한 다양한 휴대폰 기기에서 작동하도록 많은 노력을 들였다. 왓츠앱이 출시된 당시에는 노키아 휴대폰이 미국을 제외하고 가장 높은 글로벌 점유율을 가지고 있었다. 경쟁사들이 아이폰에 집중하던 시기였지만 왓츠앱은 사용자들이 원하는 노키아의 운영체제인 심비안Symbian OS 버전을 발 빠르게 출시했다. 노키아 사용자들이 폭발적으로 왓츠앱을 다운받기 시작하자 안드로이드Android, 블랙베리Blackberry OS, 윈도우Windows에서도 사용이 가능하도록 개발했다. 사진, 동영상 전송 기능, 개인정보 보호 기능, 전화 기능 등도 사용자 요청이 급증함에 따라 하나씩 추가하며 만족도를 높였다. 그러나 많은 사용자들이 요청했음에도 왓츠앱이 끝내 구현하지 않은 한 가지가 있다. 바로 아이디 기능이다. 왓츠앱에서는 휴대전화 번호가 아이디를 대신하기 때문에 가입 시 개인정보 입력이 필요 없다. 따라서 더 빠르고 안

거의 모든 모바일 운영 체제를 지원한 왓츠앱.

| iPhone | BlackBerry | Galaxy | Nokia | Windows Phone |
| iOS | BlackBerry | Android | Symbian | Windows Mobile |

전한 이용이 가능했다. 쿰은 이에 대해 다음과 같이 말했다. "고객이 필요한 기능을 만드는 것은 저희에게 중요합니다. 하지만 저희 방법이 더 나은 선택이라고 생각이 들면 신념을 가지고 계속 지켜야 합니다." 이러한 방침으로 쿰이 운영했던 왓츠앱은 개인정보 이슈도, 광고도 없었다.

하루 10억 개의 메시지가 오고 가는 메신저이지만 2011년 3월까지 왓츠앱에 투자한 사람은 아무도 없었다. 정확히 말하면 많은 투자자가 간판도 없던 왓츠앱 건물 앞에 줄을 섰지만 정작 창업자들은 관심이 없었다. 그러던 중 유명 투자사 세콰이어캐피탈Sequoia Capital의 짐 고츠Jim Goetz가 야후 인맥을 통해 어렵게 왓츠앱 창업자들을 만났다. 고츠는 얀 쿰이 우크라이나 이민자이고 그의 목표가 저가 스마트폰을 사용하는 제3세계 사람들도 이용할 수 있는 메신저 앱을 만드는 것임을 눈치챘다. 그는 회사를 더 키워야만 그 목표를 달성할 수 있다고 쿰을 설득했다. 결국 2011년 4월 왓츠앱은 96억 원(800만 달러)을 투자받는다. 그 시점부터 하루 100만 명씩 사용자가 늘었고, 2014년 한 달 평균 이용자는 4억 5,000만 명에 달했다. 2014년 2월, 쿰이 꿈을 실현하고자 입사를 희망했던 페이스북이 왓츠앱을 22조 8,000억 원(190억 달러)에 인수하며 그의 꿈이 완성되었다.

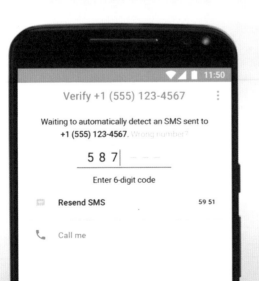

Enter the code

왓츠앱에서는 전화번호가 아이디가 된다.

소셜 네트워킹
최후의 승자

페이스북
www.facebook.com

앞서 소개한 줌, 왓츠앱이 연결되고 싶다는 사용자 개인의 욕구를 적절히 활용한 성공 사례였다면, 그들보다 더 막강한 영향력으로 전 세계 개인과 기업들을 연결하는 최후의 승자가 있다. 바로 '페이스북Facebook'이다.

2018년 8월 기준으로 전 세계 인구는 77억 명, 인터넷 사용 인구는 40억 명, 그 중 페이스북 유저가 22억 명이었다. 인터넷을 사용하는 두 명 중 한 명이 페이스북 사용자라는 얘기다. 페이스북 이전에도 소셜 미디어는 존재했다. 1990년대 볼트Bolt, 2000년 초 클래스메이츠Classmates, 2000년 중반 프렌스터Friendster, 2000년 후반 마이스페이스MySpace가 선두를 지키며 사람들을 연결했다. 그러나 현재 이 서비스들은 종료되었거나 용도가 변경되어 간신히 명맥만 유지하는 상태다. 시간의 흐름 속에 어떤 기업은 살아남고, 어떤 기업은 죽음을 맞이한다. 차이점은 무엇일까? 2008년 마이스페이스와 페이스북이 1위 자리를 놓고 치열하게 다투었던 시기를 살펴보면 힌트를 발견할 수 있다.

페이스북의 슬로건은 '일상에서 만난 사람들과 공유하고 연결되도록 돕는다(Help you connect and share with the people in your life)'이다. 마이스페이스는 '친구들을 위한 장소(A place for friends)'가 슬로건이다. 언뜻 비슷해 보이지만 두 문장에는 큰 차이가 있다. 페이스북은 커뮤니케이션과 네트워킹을 중요하게 생각했고, 마이스페이스는 가상공간 자체를 중시했다. 마이스페이스는 사용자가 음악, 이미지, 다양한 글씨체 및 색깔로 자신의 페이지를 꾸미고 보여주는 공간이었다. 미국판 싸이월드라고 부르는 한국 사용자들도 있었다.

페이스북은 친구 리스트와 현재 상태, 나의 일상을 공유하는 공간이었고 색상 또는 글씨체 같은 변경은 지원하지 않았다. 2006년에는 친구들의 활동을 알려주는 뉴스피드News Feed를 도입하고, 2007년에는 API[2]를 공개했다. 이 공개로 소셜 게임이라는 장르가 생겼고, 6개월만에 14,000

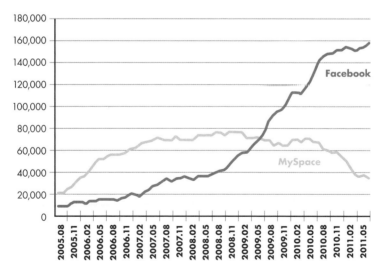

Facebook and MySpace 2005.08-2011.05
페이스북과 마이스페이스 미국 내 월간 사용자

2009년 5월에 페이스북 사용자가 마이스페이스를 추월한다.

Chapter3. 사람은 언제나 함께여야 한다 _ 사랑과 협업의 욕구

페이스북으로 연결되는 친구들을 이어서 지도에 표현하자 세계 지도가 되었다.

개 앱이 페이스북에 등록됐으며, 가입자 수도 두 배로 늘어났다. 2009년 5월, 마이스페이스는 결국 페이스북에게 소셜 미디어 점유율 1위를 내어 준다. 사람들은 나만의 가상공간이 아닌 나를 타인과 연결하도록 도와주는 페이스북을 선택한 것이다.

　페이스북은 그 후 소셜 미디어 부분에서 1위 자리를 내준 적이 없다. 사진이 중심인 인스타그램이 인기를 얻자 2012년 4월, 1조 2,000억 원(10억 달러)에 18개월된 인스타그램을 인수한다. 이후 인스타그램은 창업 3년 반 만에 사용자 수 2억 명을 돌파하며 페이스북이 5년 걸린 기록을 깼다.

　페이스북과 인스타그램은 도입부에서 소개한 '10년 동안 세계에서 가장 많이 다운로드한 앱 리스트'에서 각각 1위와 4위를 차지하고 있다. 2위인 왓츠앱, 3위인 페이스북 메신저도 페이스북 소속이다. 이 사실은 페이스북이 메신저 부분에서도 1위라는 뜻이다. 2020년 8월에는 페이스북 메신저와 인스타그램 간 메시지를 주고받는 기능이 나왔다. 2019년 1월에는 인스타그램과 왓츠앱, 페이스북 메신저 통합 계획을 발표했는데 각각의 서비스 사용자들이 앱에 구애받지 않고 서로 자유롭게 소통할 수 있게 한다는 계획이었다. 세 앱의 사용자를 합치면 최소 25억 명이다.

페이스북은 사용자를 기반으로 광고 수익을 올리며 한해 28퍼센트씩 성장하고 있다. 매출 중 98.5퍼센트가 광고로 얻어지는 수익이다. 2020년 8월 31일 기준, 시가총액 1,000조 원(8,360억 달러)으로 전 세계 기업 중 6위(1위 사우디 아람코Saudi Aramco, 2위 마이크로소프트, 3위 애플, 4위 아마존Amazon, 5위 알파벳Alphabet)[3]이며 소셜 미디어와 메신저 기업 중 가장 큰 가치를 가진 기업이다. 슬로건에서 밝힌 포부처럼 전 세계 사람들 사이를 연결하는 세계 최대 기업이 되었다.

쉽게 사랑에 빠지고 싶다

연인을 만나는 방식은 크게 두 가지가 있다. 자신의 행동반경 안에서 직접 만나는 방법과 누군가의 소개로 만나는 방법이다. 후자는 세대를 거치며 그 방식이 급속도로 변화했다. 부모님 또는 집안 어른들이 결혼 상대를 결정했던 베이비부머 전 세대. 중매업체 또는 중매쟁이 주선이 이뤄졌던 베이비부머 세대. 지인이 주선한 소개팅을 했던 X세대. 사진을 보고 선택하고 매칭되는 앱을 통해 만난 밀레니얼 세대를 지나왔다. 현재 Z세대는 인공지능 알고리즘의 추천을 통해 사랑하는 사람을 만난다.

더 빠르게
매혹하라

틴더
tinder.com

'틴더Tinder'에서 데이트 상대를 만나는 방식은 매우 간단하다. 사진과 프로필을 보고 좋으면 오른쪽으로, 싫으면 왼쪽으로 스와이프하면 된다. 상대방도 오른쪽으로 스와이프하면 매칭이 이루어지고 대화가 시작된다.

틴더의 CEO 엘리 사이드먼Elie Seidman은 "누군가를 만나서 매혹되는 순간을 더 빠르고 쉽게 만들었다"고 말했다. 새로운 사랑을 쉽고 빠르게 하고자 하는 욕구를 정확하게 공략한 것이다. 페이스북 계정과 몇 줄의 소개를 입력하면 가입이 완료된다. 원한다면 음악 스트리밍 서비스 스포티파이Spotify와 인스타그램 계정을 연결해 사용자 음악 취향과 사진을 좀 더 드러내거나 페이스북 사진을 그대로 쓸 수도 있다. 단순한 이용 방법 덕분에 틴더에서는 190여 개 국에서 하루 20억 회의 프로필 조회가 발생한다.

틴더는 2019년, 전 세계 모든 앱 중 가장 많은 돈을 벌어들인 앱이기도 하다. 수익은 대부분 '구독'에서 발생한다. 이용자는 가입한 구독 플랜에 따라 다양한 기능을 이용할 수 있는데 자신의 프로필을 이성에게 자주 노출해주거나 돋보이게 해준다. 매칭 확률이 올라가는 슈퍼라이크, 전

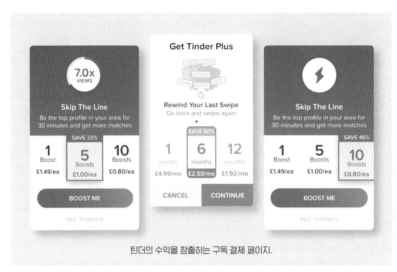

틴더의 수익을 창출하는 구독 결제 페이지.

틴더 앱 실행 화면.

세계 모든 지역으로 이동할 수 있는 패스포트 기능 등 구독 기능을 이용하면 더 즐겁게 틴더를 사용할 수 있다. 최근에는 비디오 채팅 기능을 추가해 서로가 원한다면 영상통화도 할 수 있다.

데이팅 앱이 마음에 드는 상대를 쉽게 만날 수 있는 유용한 서비스라는 점 이면에는 어두운 부분도 존재한다. FBI에 따르면 2019년 한 해 19,473건의 온라인 로맨스 사기가 접수되었다. 2020년 5월, 미국 유타주에 사는 25살 남성이 틴더를 통해 만난 24살 여성을 살해하는 엽기적인 사건이 발생하기도 했다.

코로나19의 영향으로 오프라인 만남이 줄어들면서 온라인 데이팅 서비스는 기존보다 더 많은 매칭을 만들고 있다. 2020년 3월에 미국에서 자택 대기 명령이 시행된 이후 틴더 앱에서의 대화 시간이 30퍼센트 증가했고, 틴더의 모기업인 매치 그룹Match Group의 2020년 1분기 순이익은 전년도 같은 기간보다 30퍼센트 늘었다. 2020년 8월, 2분기 실적 발표에서는 매출 15퍼센트 상승과 18퍼센트 구독 사용자 증가 덕분에 어닝 서프라이즈⁴ 를 기록하기도 했다.

온라인 데이팅 시장은 2018년 8조 원(67억 달러)⁵에서 2026년 11조 8,000억 원(99억 달러)까지 큰 성장이 예측된다. 매년 5.2퍼센트 성장률인 셈이다. 이 뜨거운 시장에 페이스북도 '페이스북 데이팅Facebook Dating'이라는 이름으로 2019년부터 참여하고 있다. 페이스북이 가진 막대한 사용자 네트워크를 기반으로 온라인 데이팅 시장에서도 성공을 이뤄낼 수 있을지 주목된다.

인공지능이
소개팅해 드립니다

커피 미츠 베이글
coffeemeetsbagel.com

재미교포 2세인 강수현, 강아름, 강다운 자매는 '스와이프Swipe⁶'에 지친 사람들을 위한 의미 있는 데이팅'이란 목표 아래 뉴욕에서 '커피 미츠 베이글Coffee Meets Bagel'을 창업했다. 설립 당시 간단하게 스와이프해서 상대를 연결시켜주는 틴더, 바두Badoo 같은 데이팅 서비스가 인기였는데 강자매는 온라인을 통해 만나는 트렌드는 따라가되 더욱 의미 있는 연애 서비스를 만들고자 했다.

기존 데이팅 앱은 많은 사용자 수를 확보해 짧은 시간 안에 수많은 이성 정보를 전달하고, 매칭되면 대화를 나눈 뒤 마음에 들면 만나는 방식으로 개발됐다. 어떤 앱은 10분 안에 100명의 이성을 만날 기회가 주어진다. 이런 조건에서 의미 있는 연애 상대를 만날 확률은 극히 낮았다.

커피 미츠 베이글은 다른 전략을 세웠다. 양보다 질을 선택한 것이다. 퀄리티를 위해 사용자를 분석하고, 각자에게 어울리는 이성을 추천했다. 그러자 여성 이용자의 선호도가 증가했다. 커피 미츠 베이글의 이용자 성비는 40 대 60으로 다른 서비스들이 30 대 70인 데에 비해 여성의 비율이 높다. 보통 데이팅 앱은 여성 사용자 대비 남성 사용자가 많고, 심한

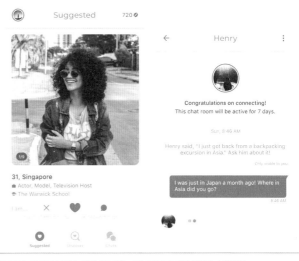

커피 미츠 베이글 서비스 화면. 인공지능 알고리즘을 통해 이성을 소개한다.

강 자매는 쉽고 편리하지만 소모적인 기존의 데이팅 앱의 한계를 보완해 커피 미츠 베이글을 설립했다.

경우 성비가 10 대 90인 경우도 존재한다. 이렇게 되면 여성들은 너무 많은 남자에게 '좋아요'를 받아서 지치고, 남자들은 매칭이 안 돼서 지치는 결과가 나온다. 커피 미츠 베이글은 '의미 있는 데이팅'이란 목표 아래 추천 서비스를 도입함으로써 이 문제를 해결했다.

커피 미츠 베이글은 인공지능 알고리즘을 통해 데이팅 상대를 추천한다. 사용자가 좋아할 만한 상대, 즉 '베이글'을 '커피'에게 배달하는 것이 콘셉트이다. 이성을 추천하는 시간은 정오 12시다. 인공지능 알고리즘은 사용자가 입력한 사진, 종교, 나이, 거주지, 술, 약, 담배 소비 여부, 학력 등 여러 데이터를 분석한다. 사용자가 앱을 사용하면서 어떤 이성에게 '좋아요'를 누르고 '패스'를 눌렀는지 분석해 추천에 반영하기도 한다. 통계적으로 지인을 통한 소개팅보다 횟수가 많고 성공할 확률도 높다.

2015년에는 미국의 유명 비즈니스 리얼리티 쇼인 〈샤크 탱크Shark Tank〉에 출연해 6억 원(50만 달러)에 5퍼센트 지분 투자를 받고자 했다. 이들의 발표를 들은 전설적인 투자자 마크 큐번Mark Cuban은 360억 원(3,000만 달러)으로 100퍼센트 지분 인수를 역제안했다. 당시 프로그램 통틀어 최고액이었다. 처음에 강 자매가 먼저 제시했던 금액이 50만 달러에 5퍼센트 지분이었으니 단순 계산으로도 100퍼센트 지분 가치는 120억 원(1,000만 달러)이었다. 그런데 놀랍게도 강 자매의 대답은 'No'였다. 모든 투자자가 안타까움에 한숨을 쉬었지만, 강 자매는 더 큰 성공을 거둘 자신이 있었다. 커피 미츠 베이글은 2018년 144억 원(1,200만 달러)을 투자 받아 현재 가치는 984억 원(8,200만 달러)으로 계속 성장세를 보이고 있다. 2019년에는 5,000만 건의 매칭 달성이라는 기록을 세웠다.

연애도
스마트하게

라프트 캘린더, 러브 넛지, 허니듀

www.joinraft.com　　www.5lovelanguages.com/lovenudge　　www.honeydue.com

커피 미츠 베이글, 틴더 외에도 다양한 서비스가 사랑하고 싶다는 욕구를 충족시키기 위해 개발됐다. '라프트 캘린더Raft Calendar'는 커플이 된 상대방과 나의 일정을 공유하고, 계획하고, 새로운 약속을 세우는 앱이다. 나와 연인의 일정을 한눈에 파악할 수 있도록 해주는 이 앱은 두 사람에게 맞는 최적의 스케줄을 세울 수 있도록 도와준다.

예를 들어 연인과 여행을 계획하고 있다면 일정, 예산, 준비 사항들을 실시간으로 업데이트해서 공유할 수 있다. 캘린더에 두 사람의 추억을 일정별로 남길 수 있고, 연인 또는 내가 추가한 새로운 일정을 함께 보며 채팅을 하거나 코멘트를 남길 수 있다. 기념일을 기록하고 새로운 이벤트를 준비하면서 사랑이 커짐을 느끼게 하는 방식이다.

'러브 넛지Love Nudge'는 커플의 관계 개선을 위한 카운슬링 서비스이다. 넛지Nudge는 '팔꿈치로 살짝 찌른다'는 뜻을 가진 영어 단어로 '부드러운 조언'을 의미한다. 러브 넛지가 제공하는 조언은 베스트셀러《5가지 사랑의 언어The Five Love Languages》에 기초한다. 사람에게는 5가지 사랑의 언어(시간, 인정하는 말, 선물, 봉사, 스킨십)가 존재하는데 상대방이 좋아하는 사랑의 언어를 파악하고 노력해서 사용한다면 관계를 크게 개선할 수 있다는 이론이다.

이 앱에 로그인하면 30개의 양자택일 질문을 보여준다. 사용자가 답변을 마치면, 다섯 가지 사랑의 언어 중 내가 가진 언어를 퍼센트로 알려준다. 자신이 사랑을 느끼는 방법을 도넛 그래프로 한눈에 파악할 수 있다. 연인을 초대해 상대방이 어떤 경우 애정을 가장 크게 느끼는지 확인하고 그 결과에 따라 목표를 설정할 수 있도록 해주는 기능도 있다.

'허니듀Honeydue'는 커플의 재정 관리를 도와주는 핀테크 앱이다. 파트너와 동거를 하거나 결혼을 한 경우 집세, 관리비, 식비 등 공동으로 내야 하는 비용이 많아진다. 허니듀를 사용하면 비용 납부 기한을 지키기 위해 알람을 설정하거나 분담하기로 한 비용을 상대방에게 송금할 수 있다.

다양한 금융 자산(은행 계좌, 투자 계좌, 카드, 대출 등)을 연동해놓고 모든 입출금 내용을 볼 수 있으며 각 내용에 코멘트를 남길 수 있다. 지출 내용을 분석해 원형 그래프로 표시해주는 기능도 있다. 파트너와 함께 사용할 공동 계좌를 개설해 앱과 연동시켜 내용을 보고, 오프라인에서는 허니듀 신용카드를 사용한다. 재정 관리는 커플의 애정을 발전시키기 위해 중요한 요소 중 하나다. 각자의 재정을 투명하게 공개하고 서로 생각을 나눌 수 있다는 면에서 긍정적인 반응을 얻고 있다.

허니듀 앱과 연계된 신용카드를 사용해 효율적인 재정 관리가 가능하다.

멀리서도 함께 일하고 싶다

코로나19 사태로 사내 협업 방식이 달라지고
있다. 이전에는 사무실이라는 물리적
공간에서 동료를 만나 서로 협업하는
방식이 지배적이었다. 그러나 코로나19로
인해 대면 근무가 줄고 원격 근무가 늘면서
새로운 환경에 맞는 효율적인 협업 방식이
절실해졌다. 화상 회의 시스템, 재택근무 툴,
사내 메신저 등 장소와 시간에 구애 받지
않고 업무를 치리히고 동료외 의시소통 할 수
있는 디지털 환경에 대한 욕구가 커지고 있다.

떨어져 있어도
함께 있는 것처럼

탠덤
tandem.chat

몇 해 전, 비트코인 광풍이 불 때였다. 라지브 아엔거Rajiv Ayyangar는 동료인 팀 수Tim Su, 버넷 포텟Bernat Fortet과 함께 암호화폐 프로젝트를 진행했다. 세 명이 한 공간에서 만나 프로젝트를 개발할 때는 빠른 속도로 일이 진행됐다. 하지만 팀과 버넷이 각자 육아를 위해 집에서 근무해야 하는 상황이 되자 진행 속도는 느려졌고 결국 프로젝트는 실패로 끝났다.

이후 세 사람은 자신들이 왜 실패했는지 그 이유를 찾던 중, 메신저 슬랙Slack, 화상 회의 솔루션 줌, 화상 메신저 룸Loom은 원격 근무를 가능하게 했지만 사람들이 한 공간에서 함께 일할 때만 가능한 무언가를 놓치고 있음을 발견했다. 라지브는 그 무언가를 '빠른 잡담(Quick Small Talk)'과 '빠른 동기화(Quick Synchronization)'라고 요약했다. 이는 새로운 아이디어가 생각날 때 옆에 있는 동료와 하는 짧은 대화, 문제가 생길 때 함께 모여 하는 이야기, 복도에서 마주쳤을 때 2~3분 짧게 하는 대화 등 순간적인 커뮤니케이션을 뜻한다. 문제를 발견한 세 명은 다시 힘을 합쳐 마침내 원격 근무 앱 '탠덤Tandem'을 설립하게 된다.

탠덤을 통해 팀원들은 원클릭으로 서로 대화하고 협업할 수 있다. 미팅

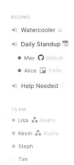

A virtual office
for remote teams

탠덤에는 함께 문서를 보며 수정할 수 있는 기능도 있다.

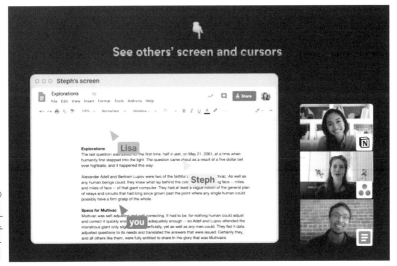

을 예약하거나 메신저로 물어보고 답변을 기다리지 않아도 된다. 재택근무의 장점과 사무실 근무의 장점을 합쳐 주요 기능을 만든 것이다. 탠덤에서는 팀원이 구글 독스Google Docs에서 업무를 하다 도움을 요청하면, 다른 팀원이 원클릭으로 해당 문서를 보고 조언을 줄 수 있다. 혼자 집중해서 일하고 싶을 때는 '건드리지 마세요' 모드를 클릭하고 원하는 시간을 선택하면 된다. 점심 식사 시간이 되면 식사 방으로 옮겨 대화하며 함께 식사하는 기능도 있다.

초기 단계 스타트업이라면 브레인스토밍을 통해 서로 아이디어를 내는 작업이 중요한 만큼 순간적인 커뮤니케이션은 성공과 실패를 가늠하는 요소가 된다. 그래서 탠덤은 스타트업이나 팀 단위가 작은 조직이 원격 근무를 할 때 유용하다. 큰 조직의 경우에는 업무가 체계적이고 분업화되어 있어 개인 업무에 집중하는 시간을 늘리고 회의를 예약하는 방식으로 탠덤을 사용한다.

2019년 8월 탠덤은 90억 원(7,500만 달러)의 초기 투자를 받으며 주목을 받았다. 왜냐하면 투자를 리딩한 안드레센 호로위츠Andreessen Horowitz는 잘 알려지지 않은 초기 스타트업 투자에 대해 전설적인 감각을 보여준 회사였고, 나머지 두 투자사 와이콤비네이터Y Combinator와 샤스타 벤처스Shasta Ventures 또한 모두 업계에서 유명한 투자사였기 때문이다. 안드레센 호로위츠가 초기 투자한 기업으로는 트위터Twitter, 스카이프, 에어비앤비Airbnb, 깃헙GitHub 등이 있다. 이번 탠덤에 대한 초기 투자는 세계적으로 원격 근무가 유행하는 흐름을 읽고 이를 위한 시스템을 만들어 낸 능력과 장래성을 높게 평가했기 때문이다.

내 손으로 만드는
온라인 협업 공간

노션
www.notion.so

2016년 3월 출시된 '노션Notion'도 원격 근무를 돕는 대표적인 서비스다. '올인원 워킹 스페이스All-in-one Working Space'라는 콘셉트의 노션은 온라인에서 손쉽게 업무 공간을 만들 수 있도록 해준다. MS워드가 텍스트Text 단위, 엑셀이 셀Cell 단위를 쓰는 것처럼 노션은 블럭Block 단위를 사용한다. 다양한 색, 크기, 기능의 레고 블럭을 조합해 하나의 물체를 만드는 것처럼 텍스트 블럭, 비디오 블럭, PDF파일 블럭 등을 조합해 하나의 업무 공간을 창조한다고 생각하면 이해가 쉽다.

노션은 제목 글자 크기, 할 일 리스트, 번호 매기기, 인용문, 데이터베이스 등 다양한 문서 편집 기능을 지원한다. 데이터베이스는 체계화한 정보를 입력해 놓으면 표, 보드, 갤러리, 리스트, 캘린더 형태로 변경하고 확인할 수 있다. 또한 외부에 있는 파일, 서비스 및 웹사이트를 노션에 삽입하여 연결된 내용을 확인할 수도 있다. 이 기능을 사용해 메신저 슬랙, 구글 드라이브Google Drive, 트위터 등 다양한 소스 삽입이 가능하다.

기업들은 노션을 아래 언급할 세 가지 형태의 협업 공간으로 채택하기 시작했다. 첫 번째는 '팀 위키피디아Team Wikipedia'이다. 팀이 함께 만

노션의 서비스 화면. 다양한 형태의 협업 공간을 제공하고 있다.

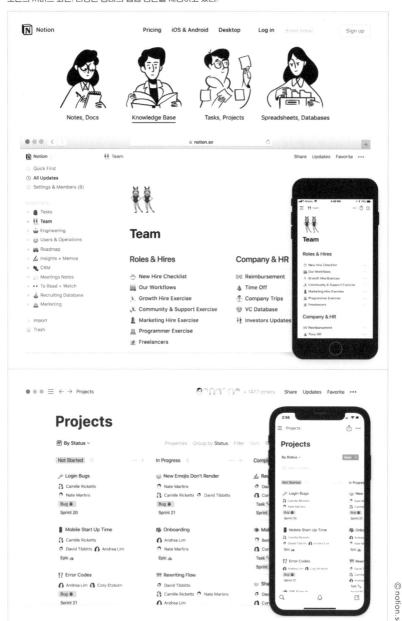

들어가는, 팀을 위한 온라인 백과사전으로 협업 시 업무 히스토리와 관련된 내용을 파악하고 최적의 프로세스를 만들 수 있다. 경쟁사로는 아틀라시안Atlassian의 콘플루언스Confluence, 깃허브의 위키Wiki가 있다. 두 번째는 '프로젝트 매니지먼트Project Management'이다. 보드 뷰를 통해 프로젝트 진행 상황을 한 눈에 파악하고 업무를 할당할 수 있다. 경쟁사로 트렐로Trello, 아사나Asana, 아틀라시안의 지라Jira가 있다. 세 번째는 '공유 문서 Shared Docs'이다. 한 문서를 여러 사람이 동시다발적으로 편집할 수 있고, 사람을 추가 및 언급하여 업무 할당이 가능하다. 경쟁사로 구글 독스, 에버노트Evernote가 있다.

여러가지 서비스를 한 공간에서 해결할 수 있다는 편리함과 효율성을 두루 갖춘 덕에 2020년 4월 노션은 400만 명이 사용하는 서비스가 되었다. 직원은 40여 명에 불과하지만 기업 가치는 단숨에 2조 4,000억 원 (20억 달러)이 되었다. 노션의 성공 비결 중 하나는 사용자 피드백에 집중해 더 나은 제품을 만들고자 하는 적극적인 태도에 있다. 내부 커뮤니케이션팀은 물론 CEO까지 나서 사용자 피드백에 대해 반응하고 답을 해준다. 사용자들이 원하는 새로운 기능을 계속해서 론칭하면서 다른 생산성 프로그램을 제작하는 회사들과 협업을 멈추지 않는다. 노션은 사용자 커뮤니티도 강력하다. 커뮤니티에서는 사용자들이 만든 다양한 템플릿을 게시판에 공유하고 또 다른 사용자는 그 템플릿을 바로 이용할 수 있다.

이미 많은 기업이 노션을 협업 툴로 사용하고 있다. 노션이 진행한 고객 설문 조사에 따르면, 노션 도입 후 98퍼센트의 사용자가 시간을 절약할 수 있었고 26퍼센트가 이메일을 적게 사용했으며, 32퍼센트가 기존보다 더 빠르게 프로젝트를 완성했다고 답했다.

모두가 선택한
메신저

팀즈

www.microsoft.com/microsoft-365/**microsoft-teams**

〈포춘Fortune〉이 선정한 100대 기업 중 90퍼센트 이상이 사용하고, 전 세계 7,500만 사용자가 사용하는 커뮤니케이션 플랫폼이 있다. 바로 마이크로소프트의 '팀즈Teams'다. 팀즈는 팀원과 채팅이나 화상 전화로 실시간 대화를 나눌 수 있고, MS오피스MS Office에서 작성 중이던 문서를 바로 공유할 수도 있다. '통합된 소통과 협업 플랫폼'이라는 콘셉트에 걸맞게 강력한 협업 기능을 제공하고 있다.

팀즈가 기업과 개인 사용자 모두에게 큰 인기를 얻게 된 배경은 크게 세 가지다. 첫째, MS오피스의 높은 보급률 덕분이다. 아웃룩, 엑셀, 파워포인트, 워드 등 회사 업무 대부분에 오피스 프로그램이 사용되는데 팀즈는 오피스와 연동이 매우 부드럽다. 인터페이스도 비슷해 오피스 디자인에 익숙한 사용자는 팀즈 디자인에도 빠르게 적응한다.

둘째, 화상 통화 기술 개발 능력이다. 2011년 마이크로소프트는 스카이프를 인수했는데, 당시 스카이프는 화상 통화 기술의 선두주자였다. 스카이프는 기업용 화상 회의 솔루션인 스카이프 포 비즈니스Skype for Business를 따로 운영해왔으며, 그 경험을 팀즈 화상 회의에 적용할 수 있었다. 팀즈에 집중하기 위해 동일한 기능을 가진 스카이프 포 비즈니스 서비스는 2021년 7월 31일에 종료된다.

셋째, 1975년부터 수십 년 동안 업무 효율성을 높이기 위한 소프트웨어 개발로 축적된 마이크로소프트의 경험이 있다. 덕분에 팀즈에는 메신저, 화상 채팅, 전화, 일정 관리 등 사내에서 사용할 수 있는 거의 모든 기능이 군더더기 없이 들어가 있다.

사용자는 팀즈를 무료로 사용할 수 있다. 영상통화, 화면 공유, 채팅 및 공동작업, 웹 버전의 워드, 엑셀 및 파워포인트 사용을 제공한다. 그리고 추가 기능들(화상 모임 녹화, 보안 강화, 전화 및 웹 지원 등)이 필요하다면 마이크로소프트 365 플랜 정책에 맞춰 연 단위로 결제해서 사용할 수 있다.

팀즈의 더 큰 성장이 기대되는 이유는 더 나은 솔루션을 위해 신규 업데이트를 멈추지 않기 때문이다. 2020년 9월 진행된 마이크로소프트 이그나이트Microsoft Ignite 행사에서는 팀즈의 신규 기능들을 대거 선보였다. 화상 회의 방쪼개기 기능, 링크드인LinkedIn 교육 콘텐츠를 연동한 교육 기

팀즈를 사용함으로써 각자의 공간에서도 효율적인 원격 근무가 가능하다.

Chapter3. 사람은 언제나 함께여야 한다 _ 사랑과 협업의 욕구

능이 추가됐다. 함께 선보인 가상 출퇴근 기능은 퇴근 후 팀즈 연결을 끊어 일과 일상의 균형을 잡아 준다. 헤드스페이스Headspace의 명상 콘텐츠를 팀즈를 통해 제공해 스트레스 완화와 업무 집중력 향상을 돕는다. 단순 업무 효율성을 높이는 역할에서 직원들의 정신 건강 및 웰빙을 고려하는 단계로까지 발전하고 있다. 경쟁자들인 슬랙, 페이스북 워크 플레이스Workplace, 구글 챗Google Chat이 있지만 사용자 수에서 팀즈는 압도적인 1위를 차지하고 있다.

코로나19 사태는 기업의 업무 환경을 크게 바꿔 놓았다. 몇몇 기업들은 원격 근무가 생산성을 크게 훼손하지 않고, 오히려 긍정적으로 작용한 부분이 많다고 판단하고 있다. 페이스북과 트위터는 영구적인 재택근무 도입을 논의할 정도다. 이런 상황에서 팀즈는 MS오피스와 스카이프를 기반으로 통합된 원격 근무 시장을 주도하고 있다.

팀즈를 이끄는 마이크로소프트 부사장 제프 티퍼Jeff Teper는 팀즈가 윈도우 사용자 수를 초월하는 플랫폼이 될 것이라 말했다. 팀즈는 여러 운영체제(iOS, Android, 맥, 윈도우)에서 실행되고, 많은 파트너 개발자들이 팀즈를 기반으로 한 기업용 소프트웨어를 만들고 있기 때문이다. 2020년 기준 지난해보다 팀즈 내 앱 수가 750퍼센트 증가했다. 마이크로소프트가 팀즈를 향후 어떤 규모의 플랫폼으로 키울지 전 세계가 주목하고 있다.

언제 어디서나 사랑하고, 협업하자

인간은 사랑과 소속감의 욕구를 채우기 위해 소통 도구를 발명해왔다. 그 결과 전화기, PC, 스마트폰이 탄생했으며 우리 삶은 그 뒤로 많이 달라졌다. 문자, 음성, 영상통화, 소셜 미디어, 메신저로 언제 어디서나 서로를 연결한다. 이번 챕터에서는 다양한 사례를 통해 연결되고자 하는 개개인의 욕구가 어떻게 비즈니스로 실현됐고, 기술을 통해 물리적으로 떨어져 있는 시기에도 사랑과 소속감을 만족시켜주는지 알아보았다. 다음은 어떤 연결 방식이 등장할까? 미래에는 가상현실, 증강현실 기기로 소통할 가능성이 크다. 현실이 아닌 디지털 공간에서 서로 사랑하고 보다 잘 협업할 수 있게 하는 새로운 서비스가 곧 필요해질 것으로 예상된다.

연결 방법은 기술의 발전만큼이나 다양해지고 있고, 그 중심에는 사랑과 소속감의 욕구를 충족하려는 목표가 있다. 오프라인을 선호했던 사람들도 코로나19 사태로 온라인을 선택할 수밖에 없다. 출퇴근하지 않으니 시간이 절약되고 출장을 가지 않으니 비용도 절약된다. 이렇게 우리는 온라인 세상을 받아들이고 있다. 어떤 이유에서든지 그 변화 속에서 연결을 비전으로 삼는 수많은 기업들이 사랑과 소속감의 욕구를 충족시키기 위한 방법을 찾아낼 것이다.

1 　기업이 임직원에게 일정수량의 자기회사의 주식을 일정한 가격으로 매수할 수 있는 권리를 부여하는 제도.

2 　Application Programming interface의 약자. 운영체제와 응용프로그램 사이의 통신에 사용되는 언어나 메시지 형식.

3 　https://www.statista.com/statistics/263264/top-companies-in-the-world-by-market-capitalization/#:~:text=With

4 　기업의 영업 실적이 시장이 예상했던 것보다 높아 주가가 큰 폭으로 상승하는 것을 일컫는 경제용어.

5 　https://www.alliedmarketresearch.com/dating-services-market

6 　스마트폰에서 아이콘을 옆으로 미는 제스처. '밀어서 잠금해제'가 스와이프 동작이 필요한 대표적인 예시다.

Chapter4.

부와 존경을 갈망하다_

성공의 욕구

ESTEEM NEEDS

기본 욕구가 충족되면 인간은

타인을 뛰어넘는 존재가 되고 싶어 한다.

모두에게 인정받고

남들보다 높은 위치에 서기를

갈망하는 것이다.

2020년 5월, 미국 렌터카 업체인 허츠Hertz가 파산 보호 절차를 신청했다. 차량 공유 서비스의 등장으로 자동차를 이용하는 패턴이 바뀌며 사양 산업이 되고 있던 상황에 코로나19 사태의 여파로 여행 수요마저 급감하며 큰 타격을 입었기 때문이다. 파산 보호 신청이 알려진 뒤 허츠 주식은 주당 40센트까지 폭락했다. 그런데 얼마 뒤 허츠의 주가가 1,000퍼센트가 넘는 6달러까지 치솟아 여러 기관을 당황시켰다. 허츠 측은 이례적으로 투자자들에게 자사 주식이 휴지 조각이 될 수 있다고 우려를 표할 정도였다.

이런 예상치 못한 주가 상승에 대해 다양한 분석들이 나왔다. 미국 연방준비제도FED가 시장 안정을 위해 푼 자금 덕분에 허츠가 되살아난 것이란 분석도 있었고, 차후 경기 회복을 예상한 선제적인 투자라는 분석도 있었다. 하지만 사실 허츠의 갑작스런 주가 상승 이면에는 부자가 되고자 하는 욕망에 사로잡혀 '묻지마 투자'를 단행한 개인 투자자들이 있었다. 허츠 주식 거래 내용을 살펴보니 대부분 개인 투자자로 밝혀졌던 것이다. 성공하고자 하는 욕구가 주식시장에 일종의 광기로 나타난 사례로 볼 수 있다.

글로벌 테크 기업들은 이러한 욕구를 역으로 이용해 사용자의 참여를 이끌어내는 장치를 곳곳에 마련해 놓고 있다. 페이스북, 인스타그램, 트위터, 링크드인 등 소셜 미디어들은 모두 프로필 사진, 자기소개와 더불어 활동에 따른 반응을 가시적으로 보여주는 기능들을 가지고 있다. 사진을 올리는 기능에는 다양한 사진 편집 도구를 제공함으로써 실제보다 더 멋진 사진으로 편집하고 공유하게끔 유도한다. 연결된 전체 친구의 숫자 또는 공인으로 인증되었다는 배지를 공개함으로써 유명세를 측정할 수 있게 한다. 생성된 콘텐츠에는 '좋아요' 혹은 '공유 숫자'가 표시되게 설계해 사용자들이 더 많은 숫자를 얻기 위해 자발적으로 새로운 콘텐츠를 생산하도록 유도한다. 모두 개인의 존재감을 과시하게끔 만든 장치다.

생리나 안전 등 기본적인 욕구가 어느 정도 충족된 상태에 이르면 인간은 타인을 뛰어넘는 존재가 되고 싶어 한다. 또한 다른 사람에게 인정받으려 노력한다. 그리고 남들보다 높은 위치에 서기를 갈망한다. 존경받고, 성공하고, 그리고 부자가 되는 것. 바로 이것이 성공의 욕구를 구성하는 핵심이다. 글로벌 테크 기업들이 어떻게 이 욕구를 조장하고, 충족시키는지 다양한 사례를 통해 알아보자.

누구에게나
관심을 받고 싶다

인스타그램, 페이스북 등 소셜 네트워킹
서비스는 이제 우리 일상의 일부가 되었다.
사람들은 SNS를 통해 무엇을 먹는지,
어디를 가는지 자신의 일상을 끊임없이
공유하며 관심을 이끌어낸다. 여기서 끝이
아니다. 사람들은 이제 다른 사람들과
다른 방식으로 더 특별하게 관심 받고
싶어 한다. 이러한 욕구를 파악해 단순히
보여주는 것에서 그치지 않고 적극적인
활동을 통해 자신의 존재를 각인시키게
하는 기업들이 등장했다.

나는 세련된
모임 주최자

밋업
www.**meetup**.com

지금은 각종 오프라인 이벤트를 홍보하는 서비스가 여럿 존재하지만, '밋업Meetup'은 그들의 원조인 플랫폼이다. 동일한 관심사를 가진 사람들이 오프라인에서 만나 의미 있는 모임을 가질 수 있도록 돕자는 취지에서 출범한 밋업은 스콧 하이퍼만Scott Heiferman과 5명의 창업자들이 뉴욕에서 공동 창업했다.

911테러 이후 미국의 사회문제에 대해 고민하고 있던 스콧은 하버드 대학교 케네디 행정대학원 교수였던 로버트 퍼트넘Robert D. Putnam이 저술한《나 홀로 볼링Bowling Alone》이라는 책에서 영감을 받아 창업을 결심하게 된다. 이 책은 사회가 고도화되면서 타인과의 유대와 결속보다는 개인주의적인 사고가 증가해 여러 명이 함께 즐기는 스포츠였던 볼링이 점차 혼자 즐기는 스포츠로 변해가는 현상을 꼬집은 내용이다.

초기 밋업은 지리적으로 가까이 사는 사람들 중 비슷한 관심사와 생각을 가진 사람들이 서로 연결되는 것을 돕는 서비스였다. 이후 업데이트를 거듭하며 사용자들이 이벤트를 주최하거나 참여하게 하는 지금의 방식으로 진화했다. 밋업이 출시되자 사람들은 큰 호응을 보냈다. 뉴욕에서는 한때 다양한 밋업 행사에 참여하는 것이 많은 젊은이들의 저녁 일과가 될 정도였다.

밋업에는 이벤트 개최 소식을 알리는 기능뿐 아니라 공통의 관심사를 기반으로 그룹을 만드는 기능이 있다. 각 그룹에는 리더 역할을 하는 관리자가 존재한다. 이 관리자는 금전적인 보상을 받지 않고, 오히려 자비를 써야 할 때도 많지만 그룹의 주제를 결정하고, 회원 관리, 이벤트 주최 등 각 그룹에 대한 절대적인 권한을 갖는다. 물론 모든 과정은 그룹 내에서 자발적으로 이뤄진다.

미국 애리조나주에서 활동하는 소프트웨어 엔지니어 앤서니 가론Anthony Garone은 다른 엔지니어들과 함께 최신 테크 산업에 대해 이야기하는 밋업을 정기적으로 개최했다. 이 활동을 통해 그는 구인, 마케팅, 자기계발뿐 아니라 리더십까지 배우게 되어 몇 년 후 업계 리더로서 성공적인 경력을 만들어 나갔다. 그는 본인의 밋업 개최 경험을 공유한 블로그를 통해 밋업을 주최하고, 참여하는 사람들은 모두 본인이 선택한 관심사를 바탕으로 열정을 가지고 자발적으로 참여하기 때문에 서로를 존중하고 배우려는 자세를 가지고 있다고 밝혔다.

밋업은 2017년까지 180개국에서 22만 5,000개 이상의 그룹, 3,500만 명 이상의 사람들이 활동할 정도로 성공적인 트렌드를 만들어갔다. 확장세를 넓혀가던 밋업은 2017년 공유 오피스 업체인 위워크WeWork에 인수되며 큰 변환점을 맞았다. 이벤트를 주최하는 입장에서 가장 큰 어려움이었던 장소 대관 문제를 공간 임대업을 하는 위워크의 품에 들어가는 것으로 해결해 서로에게 좋은 시너지를 만들었다. 모두 퇴근한 저녁, 위워크의 텅 빈 회의실을 이용해 이벤트를 진행하는 방식은 너무나 효율적인 아이디어였다.

Meetup

다양한 밋업 이벤트를 통해 사람들이 오프라인에서의 만남을 이어간다.

하지만 시간이 갈수록 온라인을 오프라인으로 연결하는 것에 대한 사람들의 피로감이 높아지기 시작했다. 관리자는 그룹을 이끌며 다양한 배움의 기회와 유명세를 얻기도 했지만, 참여자 입장에서는 이벤트 참여 그 이상의 가치가 충족되지 않았다. 때마침 페이스북이 '그룹' 서비스에 다양한 이벤트를 손쉽게 개최할 수 있는 기능을 추가했다. 밋업만의 차별성이 줄어드는 사건이었다. 게다가 인수를 위해 큰돈을 쓴 위워크는 밋업에 무리한 수익화 정책을 요구했다. 관리자는 매달 28,000원(24달러)을, 참여자들 역시 2,400원(2달러)의 수수료를 내야만 했다. 크고 작은 욕구에 의해 자발적으로 커뮤니티를 만들어왔던 관리자들이 썰물처럼 빠져나갔다. 결국 모회사인 위워크의 부진이 겹치며 밋업은 벤처 투자사인 앨리 AlleyCorp에 초라한 모습으로 팔리게 되었다. 밋업은 다양한 욕구에 의해 자발적으로 참여했던 사용자들을 성급한 수익화 욕망에 사로잡혀 놓치고 말았다.

이 구역의
전문가는 나야

포스퀘어 스윔
www.swarmapp.com

똑똑한 지역 전문가가 되고 싶은 사람에게 강력 추천할 만한 서비스로 위치 기반 체크인 어플 '포스퀘어 스윔Foursquare Swarm'이 있다. 포스퀘어 스윔의 작동 방식은 상당히 직관적이다. 휴대폰의 GPS로 측정된 위치를 토대로 지도 위에 사용자가 스스로 '체크인Check-in'을 한다. 등록된 친구들끼리 서로 체크인한 위치를 확인하고, '좋아요'를 누르거나 댓글로 소통한다. 체크인을 할 때마다 가상 코인과 스티커를 받는데 새로운 장소에 가면 평소보다 열 배 많은 가상 코인을 받기도 한다. 매주 초기화되는 순위표에는 친구들 중 가장 많은 가상 코인을 얻은 순서대로 등수가 매겨지고 공유된다. 특정 장소에 남들보다 많이 체크인을 하게 되면 해당 위치에 대한 가상 시장(Mayor) 자격을 얻는다. 일종의 '지역 전문가'가 되는 셈이다. 이 가상 시장 자격을 차지하기 위해서는 지속적으로 해당 장소에서 남들보다 자주 체크인을 해야 한다. 포스퀘어 스윔은 다양한 사용자 참여형 설계를 통해 앱을 지속적으로 사용하려는 욕구를 이끌어 냈고, GPS가 내장된 스마트폰의 보급과 함께 폭발적으로 성장했다.

포스퀘어 스윔에는 자신을 뽐낼 수 있는 다양한 기능이 있다. 먼저 기본 기능인 '체크인'은 내가 어떤 장소에 있고 어떤 경로로 이동했는지 친구들에게 알릴 수 있다. 예를 들어 근사한 휴가지를 갔을 때, 체크인을 통해 내가 멋진 장소에 왔다고 소셜 미디어에 유난스럽게 떠들지 않아도 자연스럽게 과시할 수 있다. 게다가 가상 코인도 받고 순위표에 이름도 올리게 되니 상대적 우월의 욕구까지 충족된다.

예상치 못한 순기능도 있다. 더 많은 존재감을 뽐내기 위해 더 많이 돌아다니게 되면서 집에만 있던 사람을 자발적으로 밖으로 나오게 하는 착한 앱으로 알려지기도 했다. 체크인을 하며 나의 여행 경로가 자연스럽게 기록되기에 내 삶을 저장하는 역할도 한다. 예를 들어 작년 여름에 갔던 어느 여행지의 식당 이름이 생각나지 않을 때, 포스퀘어 스웜에 기록된 체크인을 토대로 손쉽게 위치와 이름을 찾을 수 있다.

포스퀘어 스웜은 성급하게 사용자에게 결제를 유도하는 정책을 가급적 지양했다. 사용자가 자발적으로 체크인하는 서비스에 유료화나 광고를 도입할 경우 금방 사용자를 잃을 것이 뻔했기 때문이다. 대신 기업을

포스퀘어 스웜의 실행 화면. 사람들은 '가상 시장'이 되기 위해 끊임없이 위치를 공유한다.

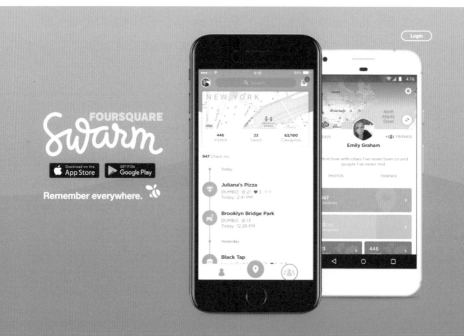

대상으로 위치 정보를 데이터화해주는 서비스 플랫폼을 선보였다. 예를 들어 사진에 위치 정보를 추가할 때 포스퀘어 스웜이 이미 축적한 정보가 표시되는 식이었다. 삼성, 애플 같은 단말기 제조사뿐 아니라 위치 정보를 표시해주는 스타트업들이 해당 플랫폼을 도입했다.

포스퀘어 스웜은 출시 10주년을 맞았던 2019년, 새로운 미래 프로젝트인 하이퍼트렌딩Hypertrending이라는 서비스를 선보였다. 이 프로젝트는 수동적으로 사용자의 위치 정보를 수집하는 방식이 아닌 실시간으로 지도 위에 사용자 밀집도를 보여준다. 마치 포털 사이트들이 실시간 검색 순위를 알려주듯 위치 기반 데이터를 분석해 실시간으로 가장 혼잡한(인기 있는) 식당이나, 반대로 덜 붐비는(인기 없는) 식당을 확인할 수 있는 서비스다. 포스퀘어 스웜은 하이퍼트렌딩 서비스를 발표하면서 "우리는 포스퀘어 스웜이 깔려 있는 수백만 개의 스마트폰을 통해 전 세계 주요 장소에서 사용자들이 어떻게 움직이는지 볼 수 있다"라고 밝혀 향후 위치 데이터를 활용한 더 다양한 서비스들이 출시될 것으로 보인다.

하이퍼트렌딩 서비스는 지도 위에 실시간으로 사용자 밀집도를 보여준다.

나의 폭넓은 취향을
과시하다

핀터레스트
www.pinterest.com

인터넷을 통해 많은 정보가 쏟아지면서 자신만의 이미지를 모으고 활용하는 서비스들이 많이 탄생했다. '핀터레스트Pinterest'는 이미지 큐레이션 기반 소셜 네트워크 서비스다. 의미 있는 사진이나 알릴 내용이 있는 종이 포스터들을 벽에 꽂아 놓고 공유하던 핀보드를 온라인으로 옮겨놓은 것이 주요 기능으로 출시하자마자 폭발적인 반응을 얻으며 빠르게 사용자를 늘려왔다. 핀터레스트는 스스로를 '아이디어들의 카탈로그' 또는 '시각 검색 엔진'으로 정의했다.

핀터레스트는 사용자 스스로 인터넷을 돌아다니며 관심 있는 사진과 정보를 모으는 방식(Pin it)으로 서비스가 시작된다. 본격적으로 이미지들이 모이면, 이미지 링크 등을 분석해 메인 화면에 사용자만을 위해 최적화된 새로운 이미지들을 보여준다. 또한 친구들이 어떤 이미지를 저장했는지 볼 수 있고, 공개된 타인의 큐레이션 역시 볼 수 있다.

일정한 시간이 지난 후 핀터레스트의 메인 화면은 예술 작품, 자동차, 패션, 음식 등 사용자에 따라 완전히 다른 내용으로 가득 차게 된다. 쇼핑이 주 관심사인 경우 핀터레스트는 가장 자본주의적인 서비스로 탈바

핀터레스트 컨셉 화면. 관심사에 따라 이미지 큐레이션을 해 핀보드를 꾸며 나간다.

꿈한다. 내가 사고 싶은 제품들로 가득 찬 핀보드는 마치 화려한 매장의 진열대를 보는듯한 기분을 느끼게 해 그 자체로 나의 욕망을 그대로 큐레이션한 것처럼 보인다. 공개로 설정된 큐레이션을 통해 나의 관심사를 타인에게 공유할 수도 있고, 반대로 타인의 큐레이션을 살펴볼 수도 있다. 나의 취향을 많은 사람들이 좋아하고 팔로우해주면 관심받고자 하는 욕망도 충족시킬 수 있다.

핀터레스트는 많은 스타트업들이 고전하는 수익화 부분에서도 이상적인 구조를 가지고 있다. 사용자들이 본인의 관심사들을 큐레이션하기 때문에 자연스럽게 저장되는 각 이미지의 링크를 통해 사용자의 취향을 더 세밀하게 분석할 수 있게 된다. 사용자가 관심을 나타낸 이미지 옆에 관련 상품 구매 링크를 놓는 방식으로 사용자들에게 거부감 없이 광고를 배치한다. 현재 핀터레스트의 월간 사용자수(Monthly Active User, MAU)는 2억 7,000만 명 이상에 달한다. 주목할 점은 사용자의 70퍼센트 정도가 여성이며, 전체 사용자 55퍼센트가 웹사이트를 통해 실제 제품을 구입한다는 것이다.

지금보다
더 성공하고 싶다

'스타트업을 창업하고, 고난 끝에 성장, 그리고 막대한 부를 이루는…' 뉴스나 기사에서 종종 마주칠 수 있는 창업 성공 스토리이다. 그리고 스타트업을 꿈꾸는 많은 예비 창업자들이 이와 같은 같은 성공 가도를 달리고 싶어 한다. 대부분 작은 규모로 시작하는 스타트업들은 많은 도움을 받으며 성장하게 되는데, 이러한 성공에는 앞에서 끌고 뒤에서 밀어주며 함께 성장하고 있는 또 다른 테크 회사들이 존재한다.

창업자와 투자자를
이어주는 소개팅

엔젤리스트
angel.co

물류 스타트업을 운영하고 있던 브라이언 요크Brian York는 처음 스타트업을 시작하면서 투자금을 구하는 데 어려움을 겪었다. 괜찮은 아이디어와 그를 뒷받침할 기술 모두 자신 있었지만, 자신의 열정을 들어줄 투자자를 만나기조차 쉽지 않았기 때문이다. 하지만 '엔젤리스트AngelList'를 사용한 뒤 놀라운 일이 벌어졌다. 불과 2주 만에 4억 8,000만 원(40만 달러)을 투자 받은 것이다.

엔젤리스트는 아이디어만 있는 초기 스타트업과 투자자를 연결시켜주는 웹사이트로 시작했다. 이름 그대로 스타트업에 투자 의향이 있는 투자자들(Angel Investor)이 연락처 리스트를 만들고, 스타트업 창업자들이 찾아와 아이디어를 공유하고 투자까지 유치하는 플랫폼이다. 미국의 온라인 경제 매체인 〈비즈니스 인사이더Business Insider〉는 엔젤리스트를 '스타트업 창업자와 투자자를 연결해주는 소개팅 사이트'라고 평가하기도 했다.

엔젤리스트는 자금이 필요한 창업자와 매력적인 아이디어에 발 빠르게 투자하고 싶은 투자자들 모두에게 좋은 반응을 얻었다. 엔젤리스트가 추가로 제공한 구인, 구직 정보 역시 많은 사용자를 불러 모았다. 기존 구직 사이트들의 경우 회사가 제공한 단편적인 정보를 나열해주는 일방적인 방식이었으나, 엔젤리스트는 철저히 스타트업들을 위해 기능을 재설계했다. 이름이 알려지지 않은 스타트업의 경우 회사에 대한 정보가 거의 없을 것임을 감안하여 회사 창업자의 이름, 초기 투자를 얼마 받았는지, 만들고자 하는 회사 문화는 어떤지, 입사하게 되면 회사 지분을 얼마나 받을 수 있는지를 전면에 표기했다. 이는 구직자들의 성공하고 싶은 욕구를 건드리기 충분했다. 지원 단계에서부터 단지 수동적으로 일하는 직원이 아니라 지분을 갖고 함께 회사를 만들어 나가는 사람으로서 주인의식을 심어줘 성공에 대한 동기를 부여한 것이다.

엔젤리스트는 실리콘밸리 신제품들의 빌보드 차트로 불리던 '프로덕트 헌트Product Hunt'를 인수하기도 했다. 매일 쏟아져 나오는 스타트업 제품들을 공유하고, 투표를 통해 최고의 제품을 순위로 매기는 서비스로 많은 스타트업들이 프로덕트 헌트를 통해 시장에 자신들의 제품을 공개한 사례가 많았다. 프러덕트 헌트 인수로 엔젤리스트는 아이디어, 투자, 구인, 신제품 발표까지 아우르는 스타트업을 위한 종합 플랫폼이 되었다.

당신의 모든 걸
알고 싶다

트레이티, 체커

traity.com   checkr.com

실리콘밸리를 비롯한 미국 회사들의 채용 단계에서 보통 마지막 과정이자, 가장 중요한 역할을 하는 것이 바로 '평판 조회'다. 여러 단계의 면접을 통해 기술적, 문화적으로 회사에 맞는 인재라는 것이 파악된 상태에서 회사는 지원자의 이전 직장 혹은 주변인들을 통해 그동안 일했던 과정에서의 평판을 들어본다. 성공을 위해서라면 앞으로만 잘해야 하는 게 아니라 과거의 평가도 좋아야 하는 것이다. 많은 회사들이 아직도 지원자에게 지인의 연락처와 이메일을 얻은 뒤 실제 연락을 통해 과거 평판을 듣는 방식으로 업무를 진행하고 있었다.

'트레이티Traity'는 '온라인으로 손쉽게 평판 조회를 한다'는 목표로 설립되었다. 목표 사용자 층을 기업뿐 아니라 각종 교류가 많은 온라인상의 개인 사용자들까지로 넓혔다. 트레이티는 신원(Identity), 행동(Behavior), 보증(Endorsement) 세 가지 특징적인 요소를 기반으로 개인 평판도를 만든다.

트레이티에 가입하기 위해서는 먼저 신원 확인을 위한 다양한 정보를 입력해야 한다. 페이스북 같은 소셜 네트워크 서비스의 주소와 휴대폰 번호를 비롯해, 여권 정보와 5초짜리 본인 소개 비디오도 업로드한다. 이를

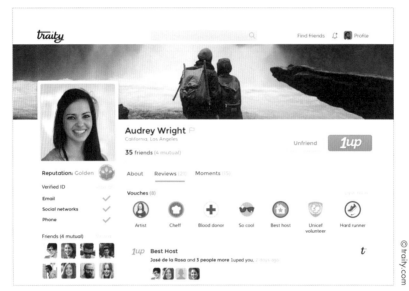

트레이티는 사용자가 입력한 정보와 자체 알고리즘을 통해 개인 평판도를 만든다.

체커는 인공지능을 활용해 구직자의 인적 사항을 조회한다.

통해 확보된 정보와 자체 알고리즘을 통해 개인 평판도를 만든다. 평판도는 점수화되지 않고 보는 사람이 직접 평판을 파악할 수 있도록 정보를 시각화해 보여주는 방식이다. 창업자인 후안 카르타헤나Juan Cartagena는 이런 시각화 방식이 현실에서 타인을 평가할 때와 유사한 방법이라고 밝혔다.

트레이티는 자사 솔루션을 보험사 등에 제공하며 실제 사업성을 입증했다. 보험사가 피보험자를 가입시킬 때 평판을 조회해본 뒤 문제가 없다고 판단할 때 최종 보험 효력을 승인하는 방식이다. 이는 부동산 거래에도 유용하게 작동했다. 장단기 월세가 일반화된 미국에서 트레이티 평판 조회를 통해 임대인, 임차인 간 보증금 규모를 어느 정도로 할지에 대한 판단에 도움을 주기 때문이다.

반면에 경쟁 서비스 '체커Checkr'는 보다 기업에 특화된 인적 사항 조회 서비스다. 기본적으로 구직자의 과거 인적 사항을 조회한다는 콘셉트는 다른 서비스들과 비슷하나, 인공지능과 머신러닝을 활용해 궁극적으로 전체 프로세스 비용을 낮추는 전략을 택했다. 몇 년 전 우버가 운전자의 1980년대 범죄 기록을 발견하고 해고시켰던 일에 사용된 솔루션으로 대중에게 더 길 알려졌다.

하지만 역설적으로 체커는 2019년부터 '제2의 기회를 주자'라는 캠페인을 홍보하고 있다. 과거에 속도위반, 단순 절도 같은 상대적으로 가벼운 범죄를 저질렀지만, 현재 주어진 일을 하기에는 충분한 능력을 가진 이들의 평판 조회에 범죄 가중치를 조절해 취업에 도움을 주자는 것이다. 실제 체커는 자사 임직원의 5퍼센트 이상을 이러한 경범죄자들로 채울 것이라 밝히기도 했다.

스마트한 부자가 되고 싶다

기술의 발전은 금융 업계에도 많은 변화를 몰고 왔다. 이제는 대부분의 금융 관련 업무들이 기술의 도움을 받아 이뤄지고 있다. 은행을 가지 않고도 업무를 볼 수 있고, 주식도 앱을 통해 간편하게 사고 팔 수 있다. 실리콘밸리에서 창업된 다양한 핀테크Fin-tech 기업들은 어려운 금융 정보를 쉽게 설명해주거나, 모든 금융 정보를 한 공간에서 관리할 수 있게 하는 등 스마트하게 부자가 되고 싶은 사용자들의 욕구를 충족시키고 있다.

주식부자의
야망을 가져라

로빈후드
robinhood.com

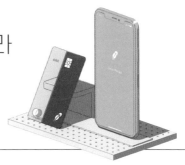

코로나19 사태로 화상 회의 솔루션 기업들의 주가가 급상승하던 시기, 미국 증권거래위원회SEC는 줌 주식의 거래 중지를 전격 발표했다. 줌의 주가는 불과 세 달 만에 900퍼센트나 폭등한 상태였다. 거래 중지 뉴스에 놀란 투자자들은 그 내막에 충격을 받고 말았다. 폭등했던 줌 주식은 화상 회의 플랫폼을 만드는 'Zoom Video Communications'가 아닌, 'Zoom Technologies'라는 회사로 2015년 이후 기업 활동이 없는, 이름만 남아 있던 회사였던 것이다.

미국 증권거래소에서는 회사 표기를 회사 이름이 아닌 티커 심볼Ticker Symbol이라 불리는 알파벳 약어로 표기하는데, 화상 회의 소프트웨어를 만드는 줌은 'ZM', 화상 통신과는 상관없는 줌 테크놀로지는 'ZOOM'을 티커 심볼로 사용하면서 생긴 혼란이었다. 주식이 수백 배 오르는 동안, 투자자들은 소위 '대박'이라는 욕망에 사로잡혀 투자하는 회사가 본인이 생각한 회사가 맞는지 최소한의 확인조차 하지 않았던 것이다.

비슷한 사례가 또 있었다. 이번에는 'DUO'를 티커 심볼로 쓰는 중국의 작은 부동산 업체 주식이 이유 없이 폭등했다. 호재도, 악재도 없는

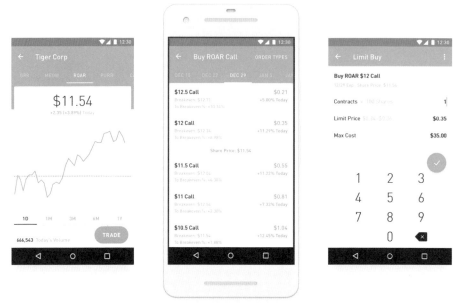

로빈후드는 주식 거래 방식을 단순하게 만들어 개인 투자자의 참여율을 높였다.

작은 회사였으나 회사 이름이 'Fangdd Network Group Ltd.'라는 것이 폭등의 유력한 이유로 지목되었다. 회사 이름이 실리콘밸리의 거대 기업 다섯 곳을 지칭할 때 앞 글자를 모아 부르는 FAANG(Facebook, Amazon, Apple, Netflix, Google)와 비슷했기 때문이다.

미국의 경제 매체인 〈블룸버그Bloomberg〉는 이와 관련한 기사에서 주식 거래를 손쉽게 할 수 있게 만든 '로빈후드Robinhood' 앱이 등장한 이후 발생하는 현상으로 이는 주식시장에 불어 닥친 광기에 가깝다고 평했다.

로빈후드는 2013년 미국에서 설립된 금융 거래 서비스 회사로 주식, 선물 옵션, 암호화폐 등의 거래를 모바일 앱으로 가능하게 했다. 창업자인 블라디미르 테네브Vladimir Tenev와 바이주 바트Baijiu Bhatt는 로빈후드를 '부자만이 아닌, 모두를 위한 금융 플랫폼'이란 목표로 창업했다. 로빈후드는 복잡한 숫자 테이블로 이뤄져 진입 장벽이 높았던 기존의 주식 거래 플랫폼의 디자인을 벗어나 처음부터 다시 설계하기로 했다. 완성도 높고 심플한 디자인으로 금융 정보를 보여주고, 거래 완료 시 위로 쓸어 올리기(Swipe up)처럼 스마트폰 사용자들에게 익숙한 기능을 과감히 적용해 친근감을 높였다.

반응은 폭발적이었다. 앱을 발표하자마자 주식 거래를 해본 적 없는 밀레니얼 세대들[1]의 가입이 폭증한 것이다. 가입할 때 무작위로 주식을 한 주씩 선사하는 이벤트를 진행했는데 수백 불짜리 주식을 받았다는 인증도 흔히 찾을 수 있었다. 또한 파격적으로 거래 수수료를 무료로 하는 정책을 전면에 내걸었다. 직관적인 디자인과 더불어 수수료 부담 없이 손쉽게 주식을 사고 팔 수 있는 토대가 만들어진 것이다. 때마침 실리콘밸리 기술 주식들의 연이은 고공행진이 이어졌고, 여기저기 대박 신화도 터져 나오기 시작했다.

부자가 되고 싶다는 욕망은 거침이 없었다. 로빈후드 사용자 평균 연령은 26세로 지갑이 얇은 대학생들도 주식 투자에 뛰어들 정도로 거래 문턱이 낮아졌다. 600만 명 수준이었던 사용자 수는 일 년 만에 두 배가 넘는 1,300만 명으로 늘면서 개미[2] 군단에 의한 미국 증시의 활황을 이끌었다. 로빈후드는 주식을 부분적으로 소유하는 기능(Fractional Shares)도 선보였다. 소액으로도 주식 일정 부분을 소유하는 개념으로 100달러짜리 주식을 1달러어치만 살 수 있게 되었다. 그야말로 푼돈으로도 주식을 거래할 수 있게 된 것이다.

물론 문제점도 발생했다. 네브래스카대학교에 다니는 스무 살 청년 알렉산더 케언스Alexander Kearns는 옵션 거래 중 자신의 계좌가 마이너스 8억 7,000만 원(73만 달러)이 된 것을 발견하고 스스로 목숨을 끊었다. 위험 부담이 따르는 옵션 거래조차 너무나 쉽게 사고파는 구조였고, 예상 밖의 큰 손실이 발생하자 극단적 선택을 한 것이다. 이에 대해 로빈후드는 사용자들을 상대로 한 금융 거래 교육 및 강화된 인증 절차를 약속했지만 논란은 계속되고 있다.

© blog.robinhood.com

재테크,
나에게 맡겨

민트
www.mint.com

'민트Mint'는 실리콘밸리에서 탄생한 금융 관리 소프트웨어로 분산되어 있는 사용자의 은행 계좌 정보를 통합 관리해주는 것이 주요 서비스다. 창업자인 에런 패처Aaron Patzer는 회사를 창업하기 전 자금 관리 필요성에 대해 오랫동안 고민했다. 미국의 은행, 주식 등 금융 계좌들은 아직 디지털화가 제대로 되어 있지 않아 계좌 수만큼 각각 다른 방식으로 관리해야 했기에 사용자 입장에서 매우 불편한 상태였다.

패처는 지인들에게 계좌 정보 등을 통합해 자산을 관리해주는 소프트웨어를 만들면 사용할 것인지 묻고 다니기 시작했다. 그는 아이디어만으로 먼저 서비스를 만들고 사용자 조사를 하는 것보다, 사전 조사를 철저히 한 뒤 시장에서 통할 것 같은 아이템을 개발한다는 철학을 가지고 있었다. 주변인들은 긍정적인 반응을 보였다. 금융 자산을 효율적으로 관리하고 더 많은 수익을 올리고자 하는 것은 모두에게 공통된 욕구였다.

그는 본격적으로 소프트웨어를 개발하고 민트를 설립했다. 그리고 불과 2년 뒤 거대 금융 소프트웨어 기업인 인튜이트Intuit에 2,000억 원(1억 7,000만 달러)에 민트를 매각했다. 개인의 욕구가 모두가 공통적으로 가지

금융 블로그 '민트 라이프'를 통해 타깃층의 관심을 집중시킬 수 있었다.

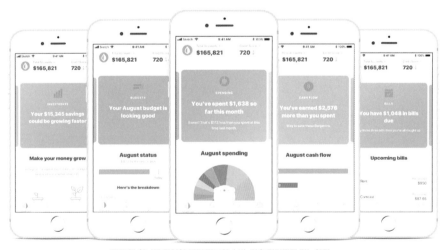

민트 앱 하나로 다양한 계좌 정보와 소비, 지출 관리까지 가능하다.

고 있는 욕구임을 확인하는 한편, 창업을 통해 문제를 해결하는 이상적인 프로세스를 경험한 셈이다.

민트는 메인 사용자 타깃을 온라인 활동이 활발한 전문직 사회 초년생으로 잡았다. 그리고 그들을 겨냥해 정식 서비스가 출시되기 전부터 민트 라이프Mint Life라는 금융 블로그를 운영하며 관련 지식을 공유했다. 어려운 금융 언어를 사용하는 대신 '대학 학자금 빨리 갚는 법', '가장 저렴하고 합리적으로 집 사기' 등등 타깃 사용자들이 관심 가질 만한 내용들을 쉽게 설명해 주목도를 높였다. 의도적으로 제품 광고는 전혀 하지 않았다. 비싼 상담료를 내야 얻을 수 있는 유용한 정보들이 가득한 블로그에 사람들은 열광했다. 이메일로 블로그 내용을 보내주는 서비스를 시작하려 했지만, 가입자가 몰려 서버가 마비될 정도였다. 민트는 재빨리 이를 이용해 새로운 서비스를 기다리는 사용자들이 'I want Mint' 배지를 자신의 소셜 미디어에 공유할 수 있게 했다. 민트를 모르던 사람들도 배지를 보고 호기심을 갖게 되면서 자연스럽게 홍보가 됐다.

민트는 무료 서비스였지만, 자연스럽게 얻게 된 개인 금융 정보를 관련 회사에 공유하고, 이를 통해 적절한 상품을 소개해주면서 받는 수수료

Chapter4. 부와 존경을 갈망하다 _ 성공의 욕구

로 수익화를 했다. 가령 여행과 관련한 지출이 많은 사용자에게 항공 마일리지를 더 많이 쌓을 수 있는 카드를 추천해주고 카드 회사로부터 소개 수수료를 받는 방식이다.

민트는 사용자가 입력한 개인정보, 투자 성향, 계좌 정보를 토대로 지출 패턴과 앞으로 어떻게 소비할지에 대한 제안도 해준다. 특히 소비 패턴 분석은 초기부터 사용자들의 많은 지지를 받았는데, 다양한 신용카드 결제 정보를 모아 카테고리별 지출 내역을 비교해주는 기능이 가장 큰 호응을 얻었다. 단순한 월별 사용 내역 분석은 물론, 미국 전체 사용자 평균과 비교해 스스로 지출하는 패턴을 살펴볼 수 있게 했다. 남들과 비교해 나의 위치를 확인할 수 있는 비교 우위 욕구를 역으로 자극한 것이다. 이는 불필요한 지출을 막는 역할을 톡톡히 했고, 민트가 사용자들에게 이득이 되는 서비스라는 인식을 갖게 했다.

Make your money grow

SAVINGS
1%

VS

INVESTMENT
5%

성공해서 부자가 되고, 인정과 존경을 받는 것. 자본주의 시대를 살아가는 현대인이라면 모두가 원하는 목표다. 이번 챕터에서는 다양한 창업 사례를 통해 성공하려는 개인의 욕구가 어떻게 글로벌 기업들의 목표가 되고 제품 및 서비스에 구현되는지 알아보았다. 국내에도 해외 주식에 직접 투자하는 앱이나, 독서 모임을 통해 토론하는 서비스 등 다양한 제품과 서비스가 사람들의 성공 욕구를 채워주고 있다.

한국에서 성공하고 싶은 욕구가 얼마나 강한지 보여주는 인상적인 사례가 있다. 성공의 상징으로 통하는 메르세데스 벤츠Mercedes-Benz, 그중에 가장 비싼 대형 세단인 S-Class가 한국에서 팔리는 수량이 전 세계 세 번째라는 것이다. 이는 메르세데스 벤츠의 고향이자 우리나라보다 경제 규모가 크고, 인구가 많은 독일이나 서유럽의 여러 나라들보다도 높은 것이다.

국가 경제 순위와 비례하지 않는 고급 승용차의 판매 규모는 물질적인 것으로 인정받고, 과시하고 싶은 욕구를 충족하려는 소비 형태로 설명될 수 있다. 이러한 사회적 현상은 어떤 관점에서는 부정적으로 비칠 수 있지만, 창업을 꿈꾸는 이들에게는 또 하나의 좋은 기회가 될 수 있다. 존경, 관심, 우월감 등 성공하고자 하는 심리에 기반한 비즈니스 아이템을 보다 적극적으로 고민할 필요가 있다.

---

[1] 1980년대 초반에서 1990년대 중반까지 태어난 세대.

[2] 주식에 직접 투자하는 개인 투자자를 일컫는 주식 용어.

Chapter5.

배움의 욕심은 끝이 없다_

학습과 성장의 욕구

COGNITIVE NEEDS

인간의 지적 욕구가 사라지지 않는 한

미래에는 금속활자와

인터넷을 넘어서는 더 큰 혁신이

우리의 욕구를 채워나갈 것이다.

해마다 대한민국 성인 독서량에 대한 우려가 뉴스를 통해 흘러나온다. 성인들의 독서량은 급격히 감소하고 있으며, 1년 간 한 권의 책도 읽지 않는다는 성인 비율도 적지 않다.

그런데 이런 대한민국에서 최근 독서 소모임이 큰 인기를 끌고 있다. 회당 50,000원에서 80,000원 정도의 금액을 지불하고, 독후감을 제출해야 참여가 가능한 모임들이다. 놀랍게도 코로나19 사태 이후에는 사람들이 온라인으로 장소를 옮겨 책을 읽고 토론까지 나누었다. 독서 소모임을 만들고, 장소를 제공해주는 업체들은 수십억 원에 달하는 돈을 투자받기까지 했다. 감성은 배제하고 투자 가치만을 철저히 따지는 투자자들도 성공 가능성이 있다고 평가한 것이다. 우리는 왜 바쁜 일상 속에서 적지 않은 돈을 지불하면서까지 책을 읽고, 독후감을 써내는 이러한 모임에 참여하려는 것일까?

바로 독서를 매개로 한 다양한 토론을 통해 지적 갈증을 해소하고, 세계관을 넓히려는 욕구가 우리에게 있기 때문이다. 어느 정도 먹고 사는 문제, 즉 기본적인 의식주의 욕구를 해결한 사람들이 빡빡한 일상 속에서 책을 읽고, 독서 소모임을 찾으며 자신의 지적 호기심과 배움, 성장의 욕구를 충족하고 있는 것이다.

모든 데이터를 분석하고 싶다

지피지기면 백전백승이라고 했다. 적을 알고, 나를 알아야 이길 수 있다는 말이다. 그만큼 나를 잘 아는 것은 학습이나 훈련에 있어 중요한 지점이다. 하지만 이 작업은 말처럼 쉽지 않다. 자신을 객관적으로 파악하고 모니터링하는 것은 심리적으로나 물리적으로 매우 어렵다. 하지만 기술의 발전은 이런 한계를 극복할 수 있게 돕고 있다. 인공지능이나 사물인터넷, 여러 특수 기술을 통해 언제 어디서나 자신에 대한 객관적인 데이터를 수집할 수 있게 되었기 때문이다.

인공지능으로 파악하는
학습 수준

키드앱티브
www.kidaptive.com

실리콘밸리의 스타트업 '키드앱티브Kidadaptive'는 머신러닝과 클라우드 기술로 학생의 학습 능력 향상에 주목하고 있다. 이 회사는 학생들이 자신의 수준을 측정하고, 수준에 맞는 문제를 풀 수 있도록 도움을 준다. 문제가 너무 쉽거나 어려워서 학습 의욕이 저하되지 않도록 이끌며, 각 영역별로 필요한 학습 목표를 제공해 보다 개인화된 학습 경험을 할 수 있도록 한다.

이 모든 작업은 학생을 분석하는 것에서 시작된다. 키드앱티브는 학생의 기본 데이터를 분석해 개인 프로필을 생성한다. 학습을 실시간으로 측정해 흥미와 수준을 도출한다. 그리고 이를 기반으로 학생이 몰입하고, 실력을 늘릴 수 있는 적합한 레벨의 커리큘럼을 제시해준다. 이 과정은 끊임없이 반복된다. 학생이 거주하는 지역뿐 아니라 전 세계의 또래 학생들과 비교했을 때 혹은 과거의 또래 학생들과 비교했을 때 실력이 어느 정도인지 등까지 다각도로 데이터를 측정해 기록한다.

초창기 키드앱티브는 앱을 통해 학습 데이터 분석 서비스, 교육 콘텐츠 추천 서비스를 제공했다. 그런데 자사의 분석 기술이 다른 앱들의 분

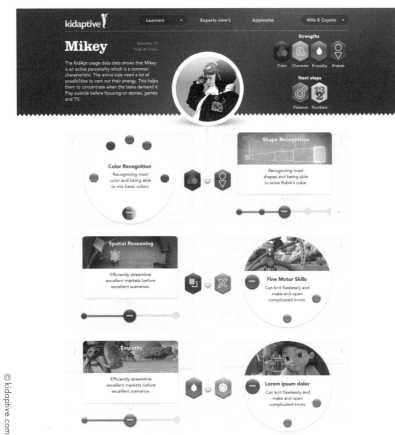

키드앱티브 학생 프로필. 인공지능 분석을 통해 학습 수준을 측정하고 커리큘럼을 제안한다.

석, 추천 기능의 질을 높일 수 있다는 것을 깨닫고 타 업체도 약정된 비용만 내면 키드앱티브의 솔루션을 자유롭게 사용할 수 있도록 서비스를 개발하고, 비즈니스 모델을 변화시켰다. 이에 따라 다른 업체들도 키드앱티브의 분석 서비스를 기반으로 자신들의 콘텐츠를 적재적소에 활용할 수 있게 되었다.

잠재력을 인정받은 키드앱티브는 스탠퍼드와 케임브리지대학교를 비롯한 교육 기관, 실리콘밸리의 벤처 투자자들 그리고 우리나라의 웅진씽크빅으로부터 총 464억 원(3,870만 달러)의 투자를 유치한다. 특히 웅진씽크빅은 전략적 투자자로써 60억 원(500만 달러)을 키드앱티브에 투자했다. 웅진씽크빅은 이 투자를 통해 키드앱티브와 협력하며 키드앱티브의 기술을 자사의 학습 서비스에 적용한 것으로 알려졌다.

데이터로 관리하는
운동 스케줄

윕
www.whoop.com

새해가 되면 많은 이들이 헬스장에 등록한다. 오랜만에 격렬한 운동을 한 사람들은 뿌듯함을 느끼지만 어떤 사람들은 각종 근육통과 부상을 겪으며 이내 자신이 무리했다는 것을 깨닫는다. 아무리 잘 짜인 훈련 스케줄과 프로그램이 있다 하더라도 운동하는 이의 신체 상태와 능력이 고려되지 않는다면 비효율적인 운동으로 이어지고, 자칫 큰 부상이 발생할 수 있다.

스쿼시 동아리에서 활동하던 하버드대학교 재학생 윌 아마드Will Ahmed 역시 선수들이 자신의 몸 상태를 정확히 모른 채 운동한다는 점을 알게 되었다. 아마드는 사람들의 신체 데이터를 정확히 측정하고, 몸 상태에 맞춰 운동, 휴식 시간을 추천해준다면 사람들이 효율적으로 몸을 활용할 수 있을 것이라 생각했다. 그리고 2012년 피트니스 스타트업 '윕Whoop'을 창업한다.

팔목이나 팔에 찰 수 있는 윕의 스마트 밴드를 통해 사용자는 자신의 수면 시간, 수면의 질, 심박변이도, 안정시 심박수, 소모 칼로리, 체온 변화 등에 관한 데이터를 얻을 수 있다. 윕은 이 데이터가 의미를 갖도록 숫자

웁은 사용자의 신체 데이터를 종합해 현재 몸 상태와 언제, 얼마나 운동을 하고 휴식을 취해야 하는지 알려준다.

를 통해 사용자의 몸 상태가 어떤지 알려주며 언제, 얼마나 수면을 취하고 운동을 해야 하는지 제안해준다.

시중의 수많은 스마트 워치와 다르게 개인의 신체에 맞춰 분석 서비스를 제공한다는 점이 웁의 차별화 포인트이다. 동일한 양의 운동을 하더라도 사람의 몸무게, 신진대사, 신체 크기 등이 다르기 때문에 사람마다소모하는 칼로리 양은 다를 것이다. 그렇기 때문에 우리는 많은 칼로리를 소모한 사람이 운동을 더 효과적으로 한 것이라고 무조건적으로 말할 수는 없다. 웁은 맥락 없이 해석된 수치는 의미가 없다고 판단하고, 심혈관 수치와 활동량을 분석해 개인이 자신의 신체를 얼마나 효과적으로활용하였는지 분석한다.

웁은 메이저리그 협회와 협력해 2016년 230명의 마이너리그 선수들의경기 중 신체 능력을 측정하여 각 구단의 메디컬팀과 공유하기도 했다. 이 기능으로 효과를 본 구단들은 이듬해 웁의 스마트 밴드를 메이저리그선수들이 경기 중 착용할 수 있는 최초의 웨어러블 디바이스로 승인하기

도 했다[2]. 또한 NBA에서도 웁의 착용이 허용되었으며, NBA 선수 디안드레 조던DeAndre Jordan은 〈ESPN〉과의 인터뷰에서 웁의 효과를 직접 설명하기도 했다[3].

하지만 웁에는 단점도 있다. 수집하는 데이터가 한정되어 있는 만큼 사용자의 상태를 100퍼센트 정확하게 측정하거나 알맞은 추천 서비스를 제공해주지 못한다는 점이다. 실제 한 사용자가 몸이 좋지 않아 10일 간 침대에 누워 있는데, 웁은 그가 쭉 휴식을 취해왔다고 판단해 지금 운동하면 좋은 시간이라는 메시지를 지속적으로 사용자에게 보낸 사례도 있었다. 심박변이도, 수면 시간, 심박수 등 일부 데이터만을 갖고 신체 데이터를 측정하기 때문에 발생한 오류다.

웁의 궁극적 목표는 사용자가 자신의 신체를 잘 트레이닝하고, 회복할 수 있도록 도와주는 것이다. 월 사용료가 36,000원(30달러)으로 저렴한 편은 아니지만 메이저리그 선수들과 NBA 선수들처럼 자신의 몸을 꾸준히 관리하고자 하는 사람들에게는 큰 도움이 될 것이다.

축구계의
머니볼을 꿈꾼다

비프로일레븐
www.bepro11.com

메이저리그 야구팀 오클랜드 애슬레틱스Oakland Athletics의 빌리 빈Billy Beane 단장의 이야기를 다룬 영화 〈머니볼Moneyball〉에는 통계 데이터가 가진 힘이 잘 드러난다. 이 영화는 빌리 빈 단장이 주먹구구식으로 행해졌던 선수 평가와 선발, 발굴 체계를 통계 시스템을 통해 개혁하고, 구단을 저비용 고효율로 운영해 성공한다는 스토리를 담고 있다.

그런데 야구와 달리 축구에서는 이러한 통계 서비스 제공이 쉽지 않았다. 축구 경기는 45분간 진행되고 공이 없는 곳에서 행해지는 선수들의 움직임이 동시 다발적으로 경기에 영향을 미치기 때문에 어떤 데이터를, 어떻게 측정해 어떻게 보여줄지가 난제였다. 예산이 넉넉한 일부 팀들은 다양한 업체를 고용해 선수들의 움직임을 촬영하고, 이를 데이터로 변환시켜 자신만의 데이터를 갖춰왔다. 하지만 이러한 통계 서비스를 한 번에 제공해주는 곳은 없었고, 다양한 업체가 자신만의 방식으로 데이터를 제공하다 보니 측정된 기록이나 영상들이 의미 있게 통합되지 못하는 문제가 발생했다.

독일 함부르크에 위치한 스타트업 '비프로일레븐Bepro11'은 파편적으로 제공되던 분석 데이터를 축구팀에게 원스톱으로 제공함으로써 통합적인 분석을 가능하게 해주었다. 녹화된 영상 위에 감독과 선수들이 자유롭게 그림을 그릴 수 있도록 해 어떤 점이 문제이고, 어떻게 움직여야 하는지 쉽게 소통할 수 있는 편집 서비스도 제공하고 있다. 비프로일레븐을 통해 축구팀들은 효과적으로 전략을 짜고, 선수를 보다 과학적으로 선발할 수 있으며, 선수들은 자신의 실력이 어떤 수준인지, 어떤 역량을 발전시켜야 하는지 체계적으로 고민해볼 수 있게 되었다.

비프로일레븐의 원스톱 서비스는 자체 개발한 특수 카메라와 인공지능 솔루션 덕분에 가능하다. 경기장에 설치된 특수 카메라로 경기 중 발생하는 모든 행위를 360도로 영상에 담고, 인공지능 시스템으로 플레이를 분류하며, 선수별 개인 데이터를 자동으로 기록한다. 감독과 선수들은 팀 전체의 데이터를 한눈에 볼 수 있고, 특정 선수를 다각도에서 분석할 수도 있게 되는 것이다.

과거에는 부유한 소수 구단만이 이런 혜택을 누릴 수 있었는데, 비프로일레븐의 기술 덕분에 축구 경기 분석 서비스가 대중화될 수 있었다. 포항 스틸러스 유소년 팀은 선수 숙소 1층에 비프로일레븐 용도의 PC를

PROCESS_1
EAL-TIME VIDEO STITCHING
rging video feeds from multiple independent cameras
o a single panoramic view.

PROCESS_3
MULTI-OBJECT DETECTION & SCOUTING FEED
Entire field view to detect all players and ballmovements within the pitch boundaries. A cropped view is generated to follow all outfield players and ball with fully customisable zoom capabilities.

Chapter5. 배움의 욕심은 끝이 없다 _ 학습과 성장의 욕구

경기장에 설치된 특수 카메라는 모든 경기 장면을 360도로 담아낸다.

5대나 마련하기도 했다.

비프로일레븐은 지금까지 영국 프리미어 리그, 독일 분데스리가, 스페인 프리메라리가 등의 700여 개가 넘는 팀에 솔루션을 공급했다. 레알 마드리드Real Madrid, 레버쿠젠Leverkusen, 뉴캐슬 유나이티드Newcastle United 등 유명 팀도 비프로일레븐의 고객이다. 한국 축구협회와도 협력해 유소년 육성 프로그램 '골든에이지'에 선수들의 분석 데이터를 제공해주고 있기도 하다.

사실 처음부터 비프로일레븐이 독일에서 카메라와 인공지능 솔루션을 개발해 분석 서비스를 제공했던 것은 아니었다. 현재 독일에 사무실이 위치해 있지만 비프로일레븐은 한국인 강현욱 대표가 한국에서 설립한 국내 스타트업이다. 강현욱 대표는 대학생 시절 교내 축구 대회에 참가하며 아마추어 리그에서 선수들의 플레이가 수기로 작성되는 것을 보게 된다.

그는 당시 배우고 있던 프로그래밍을 통해 기록 작업을 도울 수 있을 거라고 생각했고, 결국 프로그램 개발에 성공한다. 그는 재학 중이던 서울대학교 교내 리그와 사회인 리그에 프로그램을 무료로 제공했는데 거기서 뜻하지 않게 사업적 기회를 보게 된 것이다.

그는 경기 분석에 대한 욕구가 큰 반면 이를 효과적으로 만족시키는 업체가 없다는 사실을 깨달았다. 그는 감독과 선수들에게 해당 팀의 데이터와 영상을 제공하며 그들이 무엇을 원하는지 끊임없이 피드백을 듣고, 이를 서비스에 반영시킨다. 이후 그는 한국보다 축구 리그가 활성화되어 있는 유럽을 공략하기 위해 독일로 거처를 옮기고, 서비스를 갈고 닦으며 고객들을 모집하는 데 성공한다.

교내 동아리 축구 대회에서 착안해, 아마추어 축구 선수의 플레이 기록을 돕기 위해 만들어진 서비스가 이제는 전 세계 프로 구단들에게 제공되고 있다. 축구계의 '머니볼'을 일으킬 누군가에게 비프로일레븐은 가뭄의 단비와도 같은 희망이 될 수 있을 것이다.

비프로일레븐은 이끌지는 기술을 통해 선수들을 추적하고 나양한 방식으로 데이터를 보여준다.

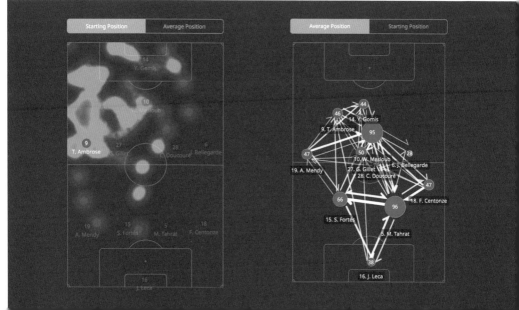

좋은 선생님을 만나고 싶다

학습에 있어 나의 상태를 명확히 아는 것이 중요하지만 나를 이끌어 줄 선생님을 만나는 것 역시 중요하다. 선생님은 학생에 따라 어떤 미래를 그려야 할지 안내해주기 때문이다. 그러나 시간과 같은 자원의 제약으로 인해 학생 모두에게 개인화된 지도를 해주는 것은 현실적으로 어려운 일이다. 실제로 선생님들이 시간의 제약으로 학생들의 수준에 맞춰 지도를 해주는 것이 어렵다고 응답했다[4]. 하지만 기술의 발달 덕분에 우리는 여러 제약에서 벗어나 한층 높은 수준의 교육을 할 수 있게 되었다.

가상현실에서 만나는
실전 훈련

홀로푼딧, 스트라이버
www.holopundits.com   www.strivr.com

해부학 전공 서적을 본 적이 있다면 인간의 신체가 얼마나 복잡하게 만들어졌는지 알 것이다. 일반적으로 해부학 전공 서적은 2D 그림과 사진으로 장기가 오밀조밀 표현되어 있고, 각 부위마다 설명이 조그맣게 붙어 있다. 도식화된 그림을 통해 장기에 대해 학습하고, 사진을 보며 머릿속으로 상상해 봐도 2D로 인쇄된 그림과 사진만으로 공간 감각을 익힌다는 것은 상당히 어려운 일이다.

'홀로푼딧Holopundits'은 가상현실(Virtual Reality, VR) 기술을 통해 이러한 난제를 해결한다. 홀로푼딧의 프로그램에 접속하면 사용자는 가상현실 속 인체를 보고 자신이 학습하고 싶은 부분을 선택할 수 있다. 예를 들어 학습자가 팔을 선택한다면 피부부터 근육, 혈관, 뼈에 이르는 팔의 각 부분에 대한 상세한 정보를 입체적으로 확인하고, 해당 신체에 대한 설명을 들을 수 있다. 이를 통해 학습자는 신체의 특성과 공간 감각을 효과적으로 익힐 수 있게 되는 것이다.

홀로푼딧은 신체 부위가 상호 작용하는 모습을 3D 애니메이션으로 제공하기도 한다. 각 신체가 어떻게 유기적으로 연결되고 움직이는지는 기존의 그림과 사진, 실습만으로는 배우기 어려웠던 부분이었다. 이러한 서비스는 해부학을 공부하는 학생뿐 아니라 인체의 구조에 대한 궁금증이 있는 초, 중, 고등학생들의 학습에도 상당히 유용한 콘텐츠다.

해부학 학습에서뿐만 아니라 미식축구 선수들의 훈련에도 가상현실 기술이 유용하게 쓰이고 있다. 미식축구는 거칠고 단순하다는 이미지와 달리 전술적 패턴이 다양한 섬세한 스포츠다. 전술을 책임지는 포지션인 쿼터백의 경우 코치들이 만든 자료를 보며 다양한 전술을 학습하고, 몸과 머리로 전략을 기억해야만 한다. 애리조나 카디널스Arizona Cardinals의 쿼터백 카슨 파머Carson Palmer는 한 시즌 당 250여 개의 전술 패턴을 외워야 한다고 말했다. 하지만 이렇게 많은 전술은 단순히 외워서 해결될 문제가 아니다. 경기 중 급박한 상황에 맞춰 즉각적으로 떠올릴 수 있어야 하기 때문에 언제 어디서든 머릿속에 이미지를 그리는 수준으로 전술을 익히는 것이 훈련의 목표가 된다.

스탠퍼드대학교 미식축구팀의 보조 코치로 일하던 대학원생 데릭 벨치Derek Belch는 전술 패턴 코칭의 어려움을 몸소 체험했다. 그는 논문 주

홀로푼딧으로 팔 부위를 선택하면 그에 따른 다양한 정보가 나온다.

미국 최대 이동통신사 버라이즌은 직원 교육에 스트라이버의 가상현실 기술을 적용했다.

제였던 가상현실을 이용해 문제를 해결하기로 결심한다. 그는 가상공간에서 직접 동료 선수들이 특정 전술에서 어떻게 움직이는지 보고, 시뮬레이션을 해보는 것만으로도 기존 훈련 대비 뛰어난 성과를 거둘 수 있을 것이라고 생각했다. 결국 그는 스탠퍼드대학교 교수였던 제러미 베일런슨Jeremy Bailenson을 설득해 '스트라이버Strivr'를 창업하고, 선수들이 가상현실 기술을 통해 전술을 시뮬레이션할 수 있는 솔루션을 개발하는 데 성공한다.

데릭 벨치의 예상은 적중했다. 가상현실을 통해 전술 패턴을 학습하는 것이 효과를 발휘했다. 스트라이버는 20여 개 NFL팀과 수많은 대학 미식축구팀에 훈련 프로그램을 공급하게 되었다. 특히 NFL은 직접 투자까지 집행하고, 심판들의 교육에도 스트라이버를 활용하고 있다. 이에 그치지 않고 스트라이버는 고객 서비스, 보안, 안전에 관한 직원 교육에까지 기술을 적용했으며, 월마트Walmart, 버라이즌Verizon 등에 서비스를 제공하고 있다.

친절한
AI 과외 선생님

소크라틱
socratic.org

학창시절, 언제 어디서나 공부를 도와줄 선생님이 있으면 좋겠다는 생각을 누구나 한 번쯤 해봤을 것이다. 미국의 스타트업 '소크라틱Socratic'은 그런 우리의 바람을 인공지능 기술을 통해 현실에 구현해냈다. 학생이 사진을 찍어 질문을 올리면 소크라틱은 학생에게 다양한 풀이 과정을 친절하게 알려주고, 문제에 녹아 있는 개념들을 차근차근 설명해준다.

소크라틱이 처음부터 학습에 인공지능을 활용했던 것은 아니었다. 2013년 사업을 시작할 때만 하더라도 네이버 지식인과 유사한 형태의 지식 Q&A 커뮤니티로 운영되었다. 학생들이 과학, 역사, 수학 등 과목의 질문을 올리면 다른 학생들이나 선생님 등 멘토들이 답을 달아주는 시스템이었다. 인공지능 기술은 구글이 2018년 이 회사를 인수하면서 도입되었다. 학생들은 예전과 같이 다양한 분야의 문제를 사진이나 글을 통해 질문하지만 이제는 사람이 아닌 인공지능이 답을 한다는 것이 차이점이다.

앞서 말했듯 소크라틱은 단순히 답만 알려주는 게 아니다. 인공지능이 어떻게 문제에 접근해야 하는지, 어떤 개념들이 녹아 있는지, 어떤 풀이 방식을 취해야 하는지 자체 알고리즘과 다른 사람의 풀이 등을 분석해 학생들이 체계적으로 학습할 수 있도록 돕는다. 우리의 바람 그대로 친절한 선생님인 것이다.

하지만 과목별로 차이가 나는 서비스 수준은 극복되어야 할 점으로 지적된다. 수학의 경우 '문제 풀이'라는 개념이 있고, 소크라틱의 자체 솔루션이 문제를 다각적으로 풀이해주기 때문에 활용도가 무척 높은 편이다. 하지만 과학이나 역사와 같은 과목에서는 문제 풀이 수준이 깊지 않고, 아직까지 구글과 유튜브에서 검색한 정보를 모아 보여주는 정도로 답을 제공하고 있다. 이 때문에 실제로 질문의 과목별 비중을 보았을 때, 수학 과목이 다른 과목보다 높은 점유율을 차지한다.

아직 가야 할 길이 멀어 보이지만 시간에 구애받지 않고 배움을 얻고자 하는 욕구와 인공지능 기술의 발달은 소크라틱의 높은 성장 가능성을 기대하게 만든다.

© socratic.org

Chapter5. 배움의 욕심은 끝이 없다 _ 학습과 성장의 욕구

나만의
게임 코치

모발리틱스, 고수.AI
mobalytics.gg gosu.ai

무협소설을 보면 항상 주인공의 성장을 돕는 스승님이 등장한다. 스승님의 지도 아래 주인공은 자신의 장단점을 파악하고 무엇을 해야 할지 배우게 된다. 미국의 '모발리틱스Mobalytics'는 아마추어 게이머들의 스승님을 자처한다. 아마추어 게이머들에게 그들의 플레이가 어떤 수준이며, 강점과 약점은 무엇인지 그리고 어떻게 하면 이길 수 있을지 분석, 코칭 서비스를 제공함으로써 그들의 성장을 돕는다.

모발리틱스에서 게임 〈리그 오브 레전드League of Legends〉를 어떻게 배울 수 있는지 살펴보자. 모발리틱스는 머신러닝을 통해 게이머의 전투력, 시야, 생존력, 팀플레이, 반응 속도 등을 측정해 게임 성적표를 제공한다. 카메라로 게이머의 시선을 추적해 화면 어느 부분에 집중하고 있는지도 분석한다. 이 성적표는 게이머에게 자신이 어떤 성향을 가지고 있고, 어떤 부분을 강화해야 할지 알려주는 초석이 된다. 또한 모발리틱스는 게임이 시작되고 로딩 화면이 뜨면 우리 팀과 상대 팀 캐릭터의 조합을 분석해 어떤 방식으로 플레이를 하면 이길 수 있을지 코칭해주기도 한다.

모발리틱스는 세계적인 프로게임단 프나틱Fnatic의 프로게이머 출신인

모발리틱스는 인공지능 분석 기술을 e 스포츠에 적용해 전술을 코칭한다.

아민 이사Amine Issa가 만든 스타트업이다. 그는 미국의 유명 종합병원 메이오 클리닉Mayo Clinic에서 사람의 퍼포먼스에 관해 연구한 박사이기도 하다. 그는 메이오에서 무엇이 사람에게서 높은 수준의 능력을 발휘하게 하는지 연구하며 에베레스트 등반가, 미 공군 파일럿, 심해 잠수부 등을 인터뷰해 60여 가지 지표로 분석했다. 그러던 중 그는 불현듯 e 스포츠 E-sports에서는 아무런 데이터 수집과 분석이 이루어지지 않음을 깨닫는다.

한때 게임 업계에서 정상의 위치에 있었던 그는 마법처럼 자신의 경험을 점으로 잇고, 자신의 연구를 e 스포츠 분야에 응용하기로 마음먹는다. 주중에는 연구를, 주말에는 프로게임단을 방문해 연구를 응용하는 작업을 진행하며 모발리틱스의 초창기 모델을 발전시킨다. 그는 이 모델로 성공하는 스타트업의 등용문이라 할 수 있는 경진대회 '테크크런치 디스럽트 2016TechCrunch Disrupt 2016'에서 우승을 차지한다. 자신의 경험을 바탕으로 솔루션을 갈고 닦은 그는 실리콘밸리의 투자자와 한국의 세계적인 프로게임단 T1으로부터 투자를 받게 된다.

아민 이사는 모발리틱스의 최종 목표로 '게임계의 시리SIRI⁵'가 되는 것이라고 말했다. 그런데 리투아니아에는 이미 시리처럼 음성 인식 기술을 통해 게이머에게 코칭 서비스를 제공하는 스타트업이 존재한다. 바로 '고수. AIGOSU. AI'다. 플레이어의 실력을 높여준다는 뜻을 담기 위해 한국어 '고수(高手)'에서 이름을 따왔다는 이 회사는 게이머들의 게임을 분석해 현재 상황과 전략을 음성 코치가 게이머에게 전달한다. 예를 들어 어떤 아이템을 구입하고 어떤 스킬을 배워야 하는지, 어떤 타이밍에 상대를 공격해야 하는지 코칭 서비스를 그 자리에서 제공하는 셈이다.

고수. AI는 게임 업계에서 잔뼈가 굵은 러시아의 거대 게임사 '게임 인사이트Game Insight'의 창업자인 알리사 추마첸코Alisa Chumachenko가 헬스장의 PT 코치 시스템에서 아이디어를 떠올려 만든 기업이다. 고수. AI는 음성 코치 시스템을 개발해 이를 제공하는 데 성공했지만 아직까지 초보에게 유용한 일반적인 전략들만 코칭해주고 있으며 개인화된, 높은 수준의 전략까지는 제안하지 못하는 것으로 보인다. 모발리틱스와 고수. AI의 기술이 합쳐진다면 게임 업계에 어떠한 영향을 끼치게 될지 기대된다.

더 많은 정보를 얻고 싶다

금속활자의 발명은 지식 및 정보의 기록과
확산에 지대한 영향을 끼쳤다. 금속활자 덕에
다른 사람들의 사상과 세상의 흐름, 역사
등이 시대를 넘어 전달되었고 우리는 문명을
발전시킬 수 있었다. 20세기에 들어 인터넷의
등장은 이 흐름을 가속화시켰다. 그리고
인간의 지적 욕구가 사라지지 않는 이상
미래에는 금속활자와 인터넷을 넘어서는 더
큰 혁신이 우리가 예상하지 못한 방식으로
우리의 욕구를 채워나갈 것이다.

언제 어디서나
책을 듣다

오더블
www.audible.com

책은 전통적으로 세상에 대한 정보와 지식, 다른 사람의 생각을 접할 수 있는 효과적인 도구로 널리 사랑받았다. 그러나 책에는 몇 가지 한계가 있다. 책을 읽을 때는 오롯이 책을 읽는 행위에 집중해야 하고, 독자가 글을 읽을 줄 알아야 한다는 점이다.

하지만 이 모든 단점을 극복할 수 있는 책이 등장했다. 내레이터가 친절히 책을 읽어주는 오디오북이 그것이다. 오디오북의 장점 덕분에 일상적으로 책을 구매하지 않던 독자층이 출판 시장으로 유입되었다. 이들은 오디오북을 들으며 운전이나, 운동을 하는 등 다른 행동을 할 수 있기 때문에 시간을 효율적으로 활용할 수 있어 오디오북을 구매한다고 응답했다. 현재 오디오북 시장이 가장 미국에서는 사용자의 74퍼센트가 운전을 하며 오디오북을 듣는다고 답했다.

유명 배우, 코미디언들의 내레이션도 오디오북이 인기를 얻는 데 중요한 역할을 했다. 엘리자베스 모스Elisabeth Moss, 벤 스틸러Ben Stiller, 미셸 오바마Michelle Obama 등 유명인들이 내레이터로 오디오북 출간에 참여했으며 호주에서는 영국 배우 스티븐 프라이Stephen Fry가 〈해리포터Harry Potter〉,

오디오북은 시간을 효율적으로 사용할 수 있어 기존에 책을 사지 않던 독자층까지 시장에 유입되었다.

〈셜록 홈스Sherlock Holmes〉 등에 내레이터로 참여하며 흥행에 크게 기여하기도 했다. 이에 힘입어 시장 규모는 매년 두 자릿수 이상 성장을 거듭해 2020년에는 약 4조 2,000억 원(35억 달러)에 이를 것으로 예측된다[6].

아무리 오디오북이 좋더라도 독자가 없다면 출판사들이 오디오북을 시장에 공급하지 않을 것이고, 양질의 오디오북이 공급되지 않는다면 독자가 시장에 유입되지도 않을 것이다. '오더블Audible'은 작가 출신인 도널드 카츠Donald Katz가 1995년에 설립한 오디오북 제작, 유통 회사였다. 오더블은 세계 최초로 휴대용 디지털 오디오 디바이스를 개발하기도 하고, 2000년대 초반에는 애플의 아이튠즈iTunes에 오디오북을 독점 공급하기도 했지만 오디오북 시장 자체가 작아 큰 성공을 이루지는 못했다.

하지만 2008년, 아마존이 3,600억 원(3억 달러)에 오더블을 인수하며 상황이 변한다. 오더블은 아마존의 방대한 고객에 접근할 수 있는 기회를 얻게 되었으며, 아마존의 지원에 힘입어 양질의 오디오북을 제작하고 공급할 수 있게 되었다. 예를 들어 아마존의 e 커머스 멤버십인 아마존 프라임Amazon Prime에 가입한 고객은 매달 무료로 오더블을 통해 원하는 오디오북 한 권을 받을 수 있다. 닭과 달걀의 관계처럼 양질의 오디오북이 공급되기 위해서는 시장의 규모가 커야 하고, 시장이 크기 위해서는 양질의 오디오북이 공급되어야 하는데 아마존의 지원 덕분에 오더블은 선순환 고리를 창출할 수 있게 된 것이다. 2018년 기준 오더블은 전 세계 오디오북 최대 시장인 미국에서 41퍼센트의 점유율을 차지하게 되었다[7].

아마존은 오더블을 통해 ACX라는 오디오북 생산 플랫폼을 만들어 오디오북 저변 확대에 기여한다. 오디오북을 출판하기 위해서는 작가, 출판사, 녹음 스튜디오, 내레이터 등이 협업을 해야 하는데 ACX는 이들이 협업할 수 있는 장을 제공해준다. 예를 들어 이미 책을 출판한 작가가 자신의 책을 오디오북으로 출간하기로 마음을 먹는다면 ACX에서 샘플 음성 녹음을 듣고 내레이터를 고르거나, 출판사와 녹음을 진행할 스튜디오를 조건에 맞춰 고를 수도 있다. 게다가 ACX를 통해 출간된 오디오북은 자동으로 아마존, 오더블, 아이튠즈를 통해 유통되고, 아마존이 정산까지 책임져준다. 이러한 편리함에 힘입어 2011년부터 2019년까지 ACX를 통해 약 16만 권의 오디오북이 공급되었다고 한다. 아마존이 오더블을 통해 오디오북 생태계에 엄청난 성장을 가져온 것이다.

아마존의 오더블 인수를 계기로 오디오북 시장이 폭발적으로 성장할 수 있었다.

Chapter5. 배움의 욕심은 끝이 없다 _ 학습과 성장의 욕구

인공지능이
기사를 쓰는 시대

사이보그

금융과 경제에 관심 있는 사람이라면 경제 전문지인 〈블룸버그〉의 기사를 한번쯤 본 적이 있을 것이다. 하지만 자신이 읽고 있는 기사가 인공지능 기자가 집필했다는 것을 눈치채는 사람은 극히 드물다. 참고로 〈블룸버그〉 기사의 30퍼센트는 사이보그Cyborg라는 인공지능 기자에 의해 작성되고 있다.

물론 사이보그가 모든 분야의 기사를 작성하지는 않는다. 사이보그는 기업 실적 정보를 빠르게 분석하고, 정보를 가공해 기사를 즉각 제공하는 데 특화되어 있어 〈블룸버그〉는 기업 실적 공유 기사에 사이보그를 주로 활용한다. 즉, 사이보그는 판단과 추론, 스토리텔링이 크게 필요하지 않은 영역의 기사를 주로 작성하고 있는 것이다. 하지만 전문가들은 사이보그가 분별없이 금융 데이터를 가져온다는 점을 누군가 악용할 수 있다고 지적하기도 한다. 악의적인 의도로 자사의 금융 정보를 편집하는 회사들에게 유리한 기사가 대량 생산될 수 있기 때문이다. 이는 사이보그가 금융 정보 속에 숨겨진 맥락을 추론하지 못해 생기는 문제로 보인다. 이런 문제를 방지하기 위해 블룸버그는 사이보그의 손에만 기사를

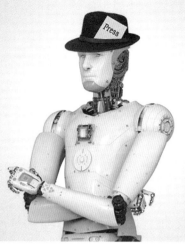

인공지능은 객관적인 정보 전달 차원의 기사를 스스로 작성할 수 있는 수준까지 발전했다.

맡기지 않고, 인간 에디터를 통해 보완하는 노력을 이어가고 있다.

〈블룸버그〉뿐만 아니라 〈로이터Reutuers〉, 〈뉴욕 타임스New York Times〉 등 다수의 미국 언론들이 이미 기사 작성에 인공지능을 도입해 큰 효과를 보았다. 일례로 세계 최대 통신사 〈APAssociated Press〉는 인공지능 기자를 통해 한 분기당 300여 개 수준으로 보도되던 기업 실적에 관한 기사를 3,700여 개로 증가시킬 수 있었다. 효과를 본 〈AP〉는 인공지능 기자를 스포츠 영역까지 담당하도록 결정을 내리기도 했다. 〈뉴욕 타임스〉는 스포츠, 기업 실적, 금융 정보처럼 객관적인 정보를 전달하는 영역을 인공지능 기자가 맡아준 덕분에 인간 기자들이 추론, 판단, 창의력이 필요한 영역에 투입될 수 있어 회사와 기자, 독자 모두 '윈윈'할 수 있는 상황이라고 평하기도 했다[8].

하지만 한편으로는 인공지능 기자에 대한 우려의 목소리 또한 높아지고 있다. 비영리 인공지능 연구기관인 오픈에이아이Open AI는 2019년 2월 인공지능 창작 도구인 GPT2의 성능을 공개했다. 발표 자료에 따르면 GPT2는 간단한 문장만 입력해도 문맥에 맞춰 한 페이지 분량의 콘텐츠를 그 자리에서 손쉽게 생산할 수 있다고 한다. GPT2의 뛰어난 성능이 가짜 뉴스에 악용될 여지가 높다고 판단한 오픈에이아이는 다른 때와 달리 연구 성과를 대중에게 공개하지 않았다. 이어 오픈에이아이가 개발한 GPT3에도 같은 문제가 제기되고 있고 아직까지 해결은 요원해 보인다[9].

뉴스NEWS라는 말의 기원에는 여러 가지가 있지만 North(북쪽), East(동쪽), West(서쪽), South(남쪽)의 약칭이라는 설이 있다. 동서남북 사방의 모든 소식을 전해준다는 말이다. 인공지능 기자는 분명 저렴한 비용으로 전 세계의 다양한 소식을 빠르게 전달해줄 것이다. 하지만 확인되지 않은 가짜 뉴스 역시 손쉽게 생산될 수 있다는 점을 경계해야 한다.

인공지능 연구기관 오픈에이아이는 GPT2의 악용 가능성을 우려했다.

좋은 글을
널리 읽히게 하자

미디엄
medium.com

블로그, 소셜 미디어가 온라인에서 의견을 자유롭게 공유하는 일에 미친 영향은 지대하다. 그러나 누구나 자유롭게 글을 쓸 수 있는 만큼 수많은 저질 콘텐츠도 생산되었다. 검증되지 않은 정보와 광고성 글들이 끊임없이 만들어지고 유통된다는 점도 문제로 꼽힌다.

'미디엄Medium'은 티스토리, 네이버 블로그와 같이 블로그를 개설할 수 있는 플랫폼이다. 미디엄은 트위터의 공동 창업자인 에번 윌리엄스Evan Williams가 양질의 콘텐츠 제작을 독려하기 위해 2012년에 창업했다. 트위터가 찰나의 짧은 생각들을 공유하기 위한 플랫폼이라면, 미디엄은 사람들이 정성스럽게 시간을 들여 작성한 긴 글을 공유하는 곳이라는 차이점이 있다.

일반적인 소셜 미디어와 달리 미디엄은 얼마나 많은 방문자가 미디엄을 방문했는지보다 사람들이 글을 읽는 데 얼마나 많은 시간을 투자했는지를 중요하게 여긴다. 창업자의 바람을 반영하듯 미디엄에서는 읽는 데 7분 정도 소요되는 긴 글들이 사람들의 주목을 가장 많이 끌었다. 충실히 공들여 쓴 글이 미디엄 내에서 더 많이 공유되고 주목받은 것이다. 그

Medium

Welcome to Medium, where words matter.

© Medium

'글자 하나하나가 소중한 미디엄에 오신 것을 환영합니다'라는 광고 문구가 인상적이다.

렇다면 미디엄은 어떤 방식으로 양질의 콘텐츠 생산을 유도할까?

우선 미디엄은 작가들이 온전히 글쓰기에 집중할 수 있는 환경을 조성해주었다. 미디엄의 이른바 쓰는 대로 글이 보이는 위지위그 편집 방식 (What you see is what you get, WYSIWYG)과 독자의 기기에 맞춰 글이 자동으로 최적화되는 반응형 디자인은 블로그 작가들이 글을 쓸 때 가장 걱정인 '내 글이 어떻게 보일까'에 대한 고민을 없애 주었다. 또 미디엄의 기본 디자인은 깔끔하고, 단순하다. 즉, 작가는 디자인에 대한 고민을 덜 하는 대신 생각을 정리하고 글을 집필하는 데 자신의 에너지를 온전히 쏟을 수 있다.

미디엄은 글 중간중간에 독자들이 의견을 남길 수 있는 '노트Note'라는 기능을 통해 댓글의 생산을 독려하고 작가와 독자의 활발한 소통을 유도했다. 작가들은 다른 사람들이 자신의 글에 어떤 반응을 보일지 궁금해 하고, 그들과 소통하고 싶어 한다. 하지만 글의 마지막에 댓글을 다는 기존의 시스템은 왠지 글에 대한 총평을 남겨야 하는 느낌을 주고, 가

볍게 의견을 남기고 싶은 부분이 있더라도 그 부분을 댓글에 한 번 더 설명해주어야 하는 불편함이 있었다. 하지만 미디엄은 글 중간에 코멘트를 달 수 있도록 함으로써 댓글 생산을 쉽게 만들고, 독자와 작가의 소통을 편리하게 만들어주었다.

또한 미디엄은 '퍼블리케이션Publications' 기능을 통해 작가가 독자들에게 접근할 수 있는 길을 열어주었다. 기존의 서비스들에서는 아무리 좋은 글을 남기더라도 작가는 독자들을 수동적으로 기다려야만 했다. 퍼블리케이션 기능은 일종의 미디엄 내의 매거진으로 특정 카테고리별로 글을 모아서 보여주는 공간이다. 독자들도 퍼블리케이션에서 엄선된 글들을 편하게 접할 수 있다. 보통 인기 퍼블리케이션에는 많은 독자들이 몰린다. 그래서 퍼블리케이션에 뽑힌 작가는 수많은 독자들에게 자신의 글을 보여줄 수 있는 좋은 기회를 갖게 된다.

마지막으로 미디엄은 좋은 글을 쓴 작가들에게 광고가 아닌 직접 원

미디엄의 퍼블리케이션 서비스 화면. 독자가 원하는 카테고리의 글을 볼 수 있다.

© Medium

고료를 배분하는 방식을 도입했다. 미디엄의 일부 글은 무료로 볼 수 있지만, 유료 결제를 하면 더 많은 글을 볼 수 있다. 무료 회원이라면 한 달에 다섯 편의 글을 볼 수 있고 그 이상을 보고 싶다면 월 6,000원(5달러)이나 연 6만 원(50달러)을 지불해야 한다. 미디엄은 이렇게 모아진 구독료를 글 체류 시간, 추천 수, 조회 수 등을 반영한 기준에 맞춰 작가들에게 분배한다. 단순히 조회 수가 높은 가십성 글보다 양질의 글에 보상을 더 많이 해주니 작가들 입장에서는 충분한 인센티브가 되는 것이다.

그러나 보상 시스템 운영에는 상당한 주의가 필요하다. 암호화폐 기반의 블로그 플랫폼인 스팀잇Steemit의 사례를 보자. 스팀잇 또한 미디엄처럼 광고가 아닌 보상 시스템을 통해 양질의 콘텐츠 생산을 독려하고자 했다. 콘텐츠 생산자인 작가가 글을 쓰면 독자는 추천을 할 수 있는데, 스팀잇은 자체 분배 시스템에 맞춰 작가와 글을 추천한 독자, 댓글을 단 독자 모두에게 스팀잇 암호화폐를 배분해주었다. 하지만 모두가 같은 영향력을 갖는 것은 아니었다. 스팀잇은 생태계 기여도를 활동량으로 평가하고, 기여도가 높은 사용자들의 추천이 더 많은 영향력을 갖게끔 시스템을 설계했다. 그런데 이 시스템이 커뮤니티의 붕괴를 야기했다. 예를 들어 활동량이 많은 사용자들이 서로의 글을 무분별하게 추천하면 그들의 글은 자연스럽게 영향력 높은 추천을 얻게 된다. 이로 인해 스팀잇 암호화폐가 특정 소수에게 몰리는 현상이 종종 발생했다. 양질의 콘텐츠를 생산하는 것보다 영향력이 강한 사용자들과 친해지는 것이 더 도움 된다는 것을 깨달은 일부는 허탈감에 빠져 플랫폼을 바꾸거나 영향력 강한 사용자들과의 친목에 몰두했다. 자연스럽게 스팀잇 커뮤니티는 몰락해갔고, 결국 스팀잇 암호화폐의 시세가 떨어지며 그나마 남아 있던 회원들도 더 이상 머무를 이유가 없게 되었다.

학습과 성장의 욕구를 긍정적으로 발전시켜라

기술은 다양한 분야에서 다양한 방식으로 우리의 학습을 돕고 있다. 그러나 에듀테크Edu-tech가 정말로 우리에게 도움이 되는지는 학자들 사이에서도 아직 의견이 분분한 주제이기도 하다.

〈MIT 테크놀로지 리뷰 MIT Technology Review〉는 디지털 기술이 학교 수업에 적용되었을 때 학생들은 주의력 결핍, 사고 능력 저하, 소통 장애를 겪을 수 있음을 경고했다. 미국 초등학교 4학년 수업에서 태블릿PC를 사용해 스마트 수업을 진행한 경우 일반 학급의 읽기 점수보다 평균이 14점이나 낮았다는 실험 결과를 소개하기도 했다[10].

기술은 분명 학습에 도움을 준다. 하지만 기술에 맹목적으로 의존해서는 안 된다. 사용자의 성향과 상황 그리고 학습 분야를 고려해 기술을 어느 정도까지 받아들일지 능동적으로 선택 할 수 있어야 하며 이에 대한 논의가 끊임없이 이루어져야 할 것이다.

1   2019년 국민독서실태조사, 문화체육관광부.

2   MLB approves device to measure biometrics of players, ESPN, 2017

3   DeAndre's big Whoop, ESPN, 2017

4   How artificial intelligence will impact K-12 teachers, McKinsey, 2020

5   애플의 인공지능 기반의 음성 인식 서비스.

6   The ears have it: The rise of audiobooks and podcasting, Deloitte, 2019

7   Audio gives new voice to books in the digital age, Financial Times, 2019

8   The Rise of the Robot Reporter, The New York Times, 2019

9   Fake news: OpenAI's 'deepfakes for text', GPT2, may be too dangerous to be released, betanews, 2019

10 How classroom technology is holding students back, MIT Technology Review, 2019

Chapter6.

아름다움,
그 강력한 유혹_

심미적 욕구

AESTHETIC NEEDS

아름다움을 향한

인간의 욕구는 강력하다.

외모를 꾸미고,

예술 활동을 하며, 젊음을 꿈꾼다.

인간이라면

누구나 갈망하는 본능이다.

2,000원과 2만 원. 분명 같은 아메리카노인데 동네 카페에서 마시면 2,000 원, 고급 호텔 카페에서 마시면 2만 원을 받는다. 무슨 차이가 있을까? 호텔 카페가 더 좋은 커피 원두를 쓸 수는 있겠지만 그렇다고 가격이 10배나 차이 나는 것을 쓰지는 않을 텐데 말이다. 아마도 커피 자체보다 커피라는 상품을 어떻게 포장하는지에 따른 차이일 것이다. 동네 카페에서는 종이컵에 커피를 담아준다. 반면 호텔에서는 고급스러운 잔에 커피가 담겨 나온다. 물론 공간의 차이도 있다. 소박하고 작은 동네 카페와 값비싼 가구로 치장한 호텔 카페. 결국 2,000원과 2만 원의 차이는 겉모습의 차이라고 할 수 있겠다.

커피뿐 아니라 우리 일상 곳곳에서는 외면의 아름다움을 기준으로 그 가치가 달라지는 경우를 흔히 발견하게 된다. 동일한 내용의 문장인데도 깔끔한 필체로 쓴 메모가 삐뚤빼뚤한 글씨로 쓴 메모에 비해 읽고 싶어지는 마음이 커진다. 경우에 따라서는 깔끔한 필체를 쓴 사람에 대해 신뢰감과 호감까지 생긴다.

이번 챕터에서는 아름다움을 추구하는 인간의 욕망과 관련한 글로벌 테크 사례를 살펴보려 한다. 누구나 예쁘고 멋있게 외모를 꾸미고 싶어 하고, 안정된 건강 상태를 원한다. 잘 디자인된 물건을 소유하고, 예술적인 감동을 주는 무언가를 창조하고 싶어 하는 것이 당연한 사람의 심리다. 이런 욕망을 어떻게 비즈니스 혁신으로 연결시켰는지 하나씩 살펴보도록 하자.

영원히 아름답고 싶다

마켓 리서치 연구소 오비스 리서치Orbis Research에
따르면 글로벌 뷰티 마켓 규모는 2023년까지 8,060억
달러에 달할 것으로 전망된다. 이 금액은 한화로 약
925조 원에 달하며 단순히 화장품뿐 아니라 헤어,
패션, 미백, 향수, 위생용품 등 다양한 관련 분야를
망라한 시장 규모다. 아름다움에 대한 소비자 욕구가
얼마나 큰 시장을 만들어내고 있는지 알 수 있다.

화장품,
테크를 만나다

로레알
www.loreal.com

'로레알L'Oréal'은 인간의 아름다워지고 싶다는 욕망을 가장 잘 활용하고 있는 기업이다. 독일의 시장 조사 업체 스태티스타Statista가 발표한 2018년 세계 뷰티 브랜드 매출 순위에 따르면 로레알은 2018년 한 해에만 95조 원(810억 달러)의 매출을 올렸다. 2위 기업인 유니레버Unilever보다 약 4배나 많은 수익을 올린 독보적인 시장 리더임을 알 수 있다.

테크 관점에서 로레알은 다양한 시도를 하고 있다. 그중 가장 눈에 띄는 사례가 모디페이스Modiface다. 모디페이스는 2018년 로레알이 인수한 캐나다 스타트업으로 증강현실(Augmented Reality, AR) 기술을 활용해 소비자가 화장품 구입 시 겪는 어려움을 해결하는 데 초점을 맞춘 솔루션들을 제공하고 있다. 모디페이스가 개발한 시스템을 통해 립스틱이나 아이섀도의 색이 내 얼굴에 잘 맞는지 사진을 찍어 증강현실 시스템으로 손쉽게 여러 제품을 테스트해볼 수 있다. 직접 제품을 발라보지 않고 말이다.

화장품은 대표적인 경험재다. 영화나 여행 상품처럼 소비자가 직접 경험하지 않으면 해당 상품의 가치를 가늠하기 어렵다. 그래서 화장품 매장에 가면 '테스터' 제품들이 놓여 있는 것을 쉽게 볼 수 있다. 제품을 체험

2018 글로벌 뷰티 시장 매출 순위

단위 10억 달러

기업	매출
로레알 L'Oréal	81.2
유니레버 Unilever	24.8
에스티로더 The Estée Lauder Cos.	18.7
프록터앤드갬블 Procter & Gamble Co.	12.4
코티 Coty	9.4
시세이도 Shiseido Co.	8.9
바이어스도르프 Belersdorf	6.9
LVMH Moet Hennessy Louis Vuitton	6.7
존슨앤드존슨 Johnson & Johnson	6.1
아모레퍼시픽 Amorepacific Group	5.6
카오 코퍼레이션 Kao Corp.	5.2
헨켈 Henkel	4.7
에이본 프로덕츠 Avon Products	4.2
L 브랜즈 L Brands	4.2
메리케이 Mary Kay	3.5
샤넬 Chanel	3.2
콜게이트 파몰리브 Colgate-Palmolive Co.	2.9
나투라 코스메틱 Nature Cosmetics	2.9
레블론 Revlon	2.7
고세 Kosé Corp.	1.7

Source: Statista

© toptal.com

글로벌 뷰티 시장 매출 순위. 1위 로레알이 독보적인 비중을 차지하고 있다.

하고 구매를 결정하라는 의도에서 비치된 제품들인데 사실 고객 입장에서는 몇 가지 불편한 점이 있다.

첫째는 위생상의 문제다. 여러 사람이 테스터 제품 하나를 공용으로 쓰면 손에 묻은 세균이 테스터 제품에 묻어 다른 사람들에게 전파될 가능성이 있다. 그 결과 피부 트러블이 발생하고 해당 제품의 구매를 포기하는 고객들이 생길 수 있다. 둘째는 테스터 제품의 체험 효과가 고객 개인에게 제대로 전달되지 않을 수 있다는 점이다. 테스터 제품을 화장품 제조사에서 의도한 바와 다르게 사용할 수 있고, 매장의 조명이나 다른 고객들의 영향으로 거울 속 자신의 모습이 실제와 다르게 보일 가능성도 배제할 수 없다.

화장에 대한 체험 결과는 개인마다 다를 수 있고, 어느 정도 시장의 공통된 트렌드가 있다고는 하지만 최종 선택은 가격, 브랜드에 따라 주관적일 수밖에 없다. 따라서 화장품 제조사들은 통제 불가능한 문제점들을 최소화하고 고객 개인의 요구에 맞춘 세밀한 제안을 하길 원한다. 모디페이스의 '증강현실 화장 테스터' 시스템은 바로 이런 고민을 디지털 기술로 해결하려는 시도이다.

아마존 앱에 적용된 모디페이스. 다양한 뷰티 제품을 가상으로 체험할 수 있다.

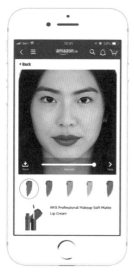 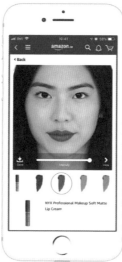 

인공지능으로 만드는
나만의 화장품

아톨라
atolla.com

뷰티 시장에서도 인공지능 기술의 활약을 빼놓을 수 없다. 2019년 MIT 대학원생들이 의기투합해 만든 화장품 스타트업 '아톨라Atolla'가 대표적이다. 아톨라 홈페이지에서 계정을 만든 고객은 네 가지 피부 테스트를 할 수 있는 '아톨라 스킨 헬스 키트Atolla Skin Health Kit'를 우편으로 받게 된다. 이 키트는 수분, 윤기, 유분, 산성 레벨 등을 파악할 수 있게 해준다. 안내에 따라 테스트를 마친 후 생활 습관 등 추가 설문과 함께 결과를 계정에 입력한다. 아톨라는 고객이 입력한 데이터에 머신러닝 기술을 적용해 현재 피부 상태에 맞는 개인 맞춤형 화장품을 제조, 배송해준다.

2015년 뉴욕에서 설립된 펑션 오브 뷰티Function Of Beauty도 인공지능 기술을 활용해 맞춤형 헤어와 바디 제품을 만드는 회사로 유명하다. 아톨라와 유사한 방식으로 머릿결 손상 정도, 건조함, 비듬 유무 등 개인의 헤어 상태에 따른 맞춤형 샴푸와 컨디셔너를 제작해준다. 피부 못지않게 머릿결도 개인마다 서로 다른 문제점을 갖고 있고, 특히 여러 인종이 모여 사는 미국에서 개인 맞춤형 뷰티 제품에 대한 소비자들의 니즈는 상당하다.

아톨라의 스킨 헬스 키트와 어플.

로레알이 개발한 스킨 지니어스Skin Genius는 얼굴 피부를 분석하는 모바일 앱이다. 이 앱에서 사진을 찍으면 탄력, 주름 등 피부 상태를 다섯 가지 측면에서 분석할 수 있고, 그에 따른 피부의 예상 연령도 알 수 있다. 피부 관리가 잘된 사람은 실제보다 적은 나이를 얻게 되고, 그렇지 않은 경우 실제보다 많은 나이 결과를 보게 된다. 분석 결과에 맞춘 화장법을 추천해주기도 한다. 스킨 지니어스는 1만 명이 넘는 여성들의 피부 데이터를 바탕으로 분석 모델을 개발했으며 실제 전문가가 피부를 분석하는 경우와 비교해 95퍼센트에 가까운 정확도를 보여준다고 한다.

대량 생산된 제품에 소비자가 기호를 맞추는 것이 기존 시스템이었다면, 인공지능 기술은 반대로 개인의 피부 상태에 맞춘 화장품을 제작할 수 있게 해준다. 인공지능 기술 도입 이전에도 유사한 사업이 시도된 적이 있으나 연구원들이 일일이 데이터를 수작업으로 분석해야 했다. 따라서 비용 대비 효율이 매우 낮을 수밖에 없었다. 사람이 데이터 하나하나를 분석하는 과정에서 오류나 편견이 개입하게 되고, 데이터 분석 모델의 일관성을 유지하기 어렵기 때문이다.

그러나 인공지능은 이런 작업이 자동화될 수 있도록 해 분석 모델의 일관성과 정확성을 높일 수 있다. 그 결과 개인의 피부, 머릿결 상태나 생활 습관, 사용 목적 등에 어울리는 제품을 만들어낼 수 있다. 인공지능 기술을 통한 맞춤형 제품 생산은 비용 측면에서도 상당한 장점을 보인다. 일괄적으로 대량 생산하는 제품에 비할 수는 없겠지만 자동화 공정을 통해 원재료 배합을 최적화함으로써 규모의 경제를 실현하게 된다. 유통과 마케팅에 있어서도 가격이 아닌 품질을 강조해 영업이익을 높이는 고급화 전략을 적용할 수 있다.

이제는 양치질도
스마트하게

콜게이트
shop.colgate.com

증강현실이나 인공지능뿐 아니라 사물인터넷도 글로벌 뷰티 시장에서 각광 받는 기술이다. 사물인터넷은 블루투스나 와이파이를 통해 기기와 앱이 상호 작용해 이전에 볼 수 없었던 새로운 기능을 만들어내는 기술이다. 치약으로 유명한 '콜게이트Colgate'가 2020년 1월 라스베이거스에서 열린 국제 전자제품 박람회에서 혁신상을 받은 칫솔이 대표적이다. '플라크리스 프로Plaqless Pro'라는 이름의 이 칫솔로 칫솔질을 하면 헤드 바로 아래에 붙은 센서가 치아에 생성된 세균막의 상태를 확인한다. 센서가 기록한 세균막 데이터는 실시간으로 모바일 앱을 통해 시각화되고 사용자는 현재 자신의 치아 중 어떤 부위를 더 신경 써서 닦아야 하는지 직관적으로 알 수 있다.

치아는 개인의 건강이나 뷰티 측면에서 상당히 중요한 부분이지만 소비자가 직접 관리하는 데는 한계가 있었다. 칫솔질이나 가글, 치실 등이 집에서 할 수 있는 치아 관리의 전부라고 해도 과언이 아니었다. 자기 입속을 직접 볼 수 없으니 치과를 가지 않는 이상 현재 치아 상태가 어떤지 알 수 없었다. 양치 후 상쾌한 느낌에 따라 칫솔질이 제대로 됐는지

콜게이트의 플라크리스 프로. 앱과 연동해 치아 관리를 할 수 있다.

짐작할 뿐이었다. 치약 회사들도 상쾌함이나 화이트닝 효과만 강조하고, 칫솔 제조사들 역시 디자인만 다를 뿐 비슷한 성능의 칫솔을 계속 만들어왔다. 그만큼 개인의 치아 관리 시장에 혁신은 찾아보기 힘들었고 대부분의 제품이 비슷한 기능을 제공하고 있었다. 이런 시장 상황에서 사물인터넷 기술이 접목된 칫솔은 혁신적인 경험을 하게 해준다. 단순 느낌이 아닌 실제 치아 상태를 시각적으로 보여주기 때문이다.

심플 휴먼Simple Human이 개발한 '센서 미러 하이파이Sensor Mirror Hi-fi'라는 이름의 탁상용 거울도 새로운 화장 경험을 만드는 사물인터넷 제품이다. 이 거울에 달린 조명은 트루 럭스 라이트 시스템Tru-lux Light System이 적용되어 실내에서도 자연광에 가까운 조명을 제공해준다. 화장 후 집 안에서의 모습과 집 밖에서의 모습이 달라지는 경험을 했던 소비자라면 조명이 화장에 얼마나 중요한 역할을 하는지 알 수 있다. 또 이 거울에는 센서가 달려 있어 얼굴이 다가오면 자동으로 조명이 켜지는 기능도 있다.

흥미로운 기능은 이 거울에 아마존의 인공지능 비서인 알렉사Alexa가 내장돼 스피커를 통해 음악이나 팟캐스트를 들을 수 있다는 것이다. 이런 기능은 사용자들이 시간을 효율적으로 사용하고, 보다 편한 마음으로 화장에 집중할 수 있게 도와준다. 모바일 앱과 연결해 사용자가 실시간으로 피부 상태를 확인하거나 화장법을 추천해주는 등의 한 단계 진전된 기능은 아직 없지만 거울 앞에서 많은 시간을 보내는 사람들에게 사물인터넷 거울은 상당한 쓸모가 있는 기기가 될 수 있다.

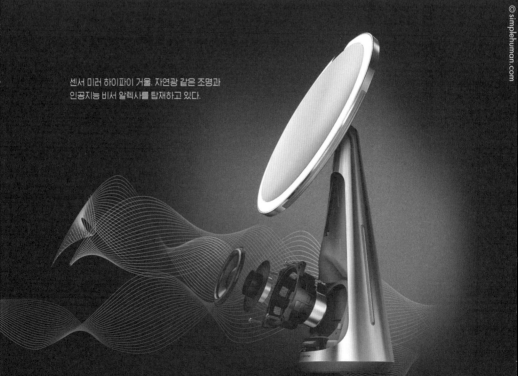

센서 미러 하이파이 거울. 자연광 같은 조명과
인공지능 비서 알렉사를 탑재하고 있다.

나만의 예술을 하고 싶다

아름답고 싶다는 욕망은 예술을 위한 열정과도 연결된다. 예술에 대한 열정은 무언가를 작품이라는 물리적인 결과물로 만들어 내고 싶다는 마음을 불러일으킨다. 디지털 기술의 발달로 예술 창작 도구가 늘어나고 대중화되며 개인이 직접 예술 작품을 전시하고 판매할 수 있는 다양한 온라인 플랫폼도 늘어났다.

아이패드로
쉽게 그려내는 작품

프로크리에이트
procreate.art

호주의 작은 섬 태즈메이니아Tasmania에 본사를 둔 새비지 인터렉티브Savage Interactive가 개발한 '프로크리에이트Procreate'는 초보자부터 전문가까지 아이패드에서 손쉽게 그림을 그리게 해주는 앱이다. 애플 기기에서만 사용할 수 있는 이 소프트웨어는 앱 스토어에서 약 12,000원(약 9.99달러)에 다운로드 할 수 있다. 물감이나 종이를 구입할 필요가 없으며 장소와 시간에 구애받지 않고 수준 높은 회화 작품을 그리게 해준다. 각종 특수효과도 터치 몇 번이면 구현 가능하다. 프로크리에이트는 2011년 3월 첫 버전이 공개됐고 2013년 애플 디자인 어워드Apple Design Awards를 수상하며 세계적으로 유명해졌다. 비슷한 시기 영국의 그래픽 디자이너인 카일 램버트Kyle Lambert가 이 앱으로 영화배우 모건 프리먼Morgan Freeman의 초상화를 실사에 가깝게 그려낸 이미지가 화제가 되면서 대중의 관심을 받게 됐다. 2016년에는 앱 스토어에서 가장 많이 팔린 아이패드용 앱 10개 중 하나에 들었고, 2018년에는 판매 순위 1위를 달성하게 된다.

프로크리에이트가 이렇게 큰 성공을 거둘 수 있었던 요인은 무엇보다 정밀하면서 다양한 드로잉을 가능하게 해주는 뛰어난 성능 덕분이다.

프로크리에이트는 다양하고 세부적인 기능을 통해 섬세한 작업이 가능하다.

200개가 넘는 붓 효과, 16K급까지 가능한 고화질 이미지, 타임랩스 비디오 녹화 기능, 250번까지 가능한 뒤로 가기(Undo) 기능 등이 대표적이다. 오토데스크Autodesk의 스케치북Sketchbook, 어도비Adobe의 포토샵 스케치 Photoshop Sketch 등 유사한 기능을 제공하는 경쟁 서비스들이 있지만 프로크리에이트의 인기를 따라 잡지는 못하고 있다. 애니메이션 제작사인 디즈니Disney와 픽사Pixar에서도 프로크리에이트를 사용하는 것으로 알려졌다.

노트북이나 데스크톱 컴퓨터로 할 수 없는 작업을 아이패드로 쉽게 할 수 있다는 점도 프로크리에이트가 대중적인 인기를 얻는 데 큰 장점이 되었다. 일례로 일본의 와콤Wacom이 무려 1992년부터 펜 태블릿Pen Tablet¹ 기술을 글로벌 시장에 공급하고 있었지만 일반 사용자 입장에서는 가격과 성능 면에서 접근성이 떨어지는 것이 사실이었다. 비싼 가격을 부담하고 태블릿을 구입하더라도 컴퓨터, 키보드 등 다른 시스템이 필요했다. 디지털 이미지 분야에서 선도적인 역할을 하는 어도비에서도 포토샵Photoshop, 일러스트레이터Illustrator 같은 유명 소프트웨어가 나오고 있지만 순수 제작 용도로 대중화되기에는 한계가 있었다.

반면 아이패드와 프로크리에이트의 조합은 사용자가 앱만 있으면 바로 그림을 만들어낼 수 있었고, 작업 난이도와 결과물의 퀄리티도 상당히 긍정적인 평가를 받았다. 특히 2015년 9월 아이패드 프로와 함께 출시된 애플 펜슬 1세대와 연이은 후속 모델들은 이런 트렌드를 가속화시키는 역할을 했다.

세상의
모든 콘텐츠

비핸스
www.behance.net

'비핸스Behance'는 전 세계 크리에이터들이 가장 즐겨 찾는 대표적인 온라인 커뮤니티다. 그림, 사진, 일러스트 등 이미지뿐 아니라 사운드, 모션 그래픽 등 다양한 형태의 창작물을 개인이 일반인들과 공유할 수 있다. 방문자들도 일반적인 소셜 네트워크처럼 계정만 만들면 자유롭게 댓글을 남기고 '좋아요' 버튼을 눌러 해당 작품에 대한 호응도를 남길 수 있다. 비핸스는 디자이너였던 마티아스 코레아Matias Corea와 경영을 담당한 스콧 벨스키Scott Belsky가 2005년 설립했고 2012년 어도비가 인수해 현재까지 운영하고 있다.

크리에이터들이 비핸스를 애용하는 이유는 편의성과 접근성 두 가지로 요약할 수 있다. 그래픽 디자이너나 비디오 제작자라면 자신의 포트폴리오를 고객이 쉽고 효율적으로 볼 수 있도록 만드는 것이 중요하다. 게다가 자신의 작품이 얼마나 많은 사람들에게 인기가 있고, 자신이 어떤 디자인 툴을 사용할 수 있는지까지 한꺼번에 증명할 수 있다면 더할 나위 없이 좋은 포트폴리오가 될 것이다. 바로 이 점에서 비핸스는 창작자들에게 인기 있는 포트폴리오 제작 툴이자 온라인 갤러리 역할을 하고

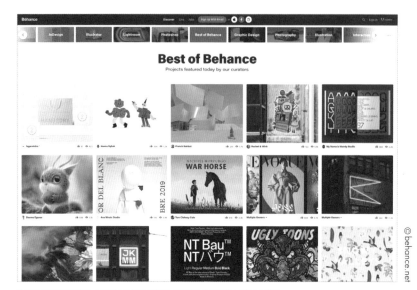

비핸스 웹사이트 화면. 수많은 창작자들에게 효과적인 포트폴리오 역할을 한다.

있다. 고객 입장에서도 비핸스에서 창작자들의 많은 작품과 인기 현황을 한번에 검색할 수 있고 메시지 기능을 통해 작품 의뢰를 맡긴다거나 궁금한 점을 물어볼 수 있어 유용하다. 방문자들의 댓글을 통해 해당 창작자에 대한 평가를 객관적으로 파악할 수도 있다. 비핸스 외에 드리블Dribble, 핀터레스트 등의 서비스도 온라인 포트폴리오 제작과 공유에 중점을 둔 기능을 제공하고 있다.

이미지가 아닌 소설 등 문학 창작품을 공유하는 온라인 서비스도 예술 창작에 대한 욕망을 잘 활용한 사례다. 대표적으로 왓패드Wattpad와 콤마풀Commaful을 들 수 있다. 두 서비스 모두 사용자가 집필한 작품을 계정에 올려 다른 방문자들과 자유롭게 공유할 수 있는 구조다. 독자들은 댓글로 감상평을 남기거나 '좋아요' 버튼을 누를 수 있다. 마음에 드는 작가의 계정을 팔로우하고, 개인 메시지를 보낼 수도 있다.

두 서비스의 중요한 차이점 중 하나는 왓패드가 콤마풀에 비해 좀 더 정교한 비즈니스 모델을 보여준다는 것이다. 왓패드에서 작품을 읽을 때는 보통 광고가 뜨는데 결제를 해서 프리미엄 회원이 되면 광고를 없앨 수 있다. 작가의 경우 자신의 페이지를 원하는 색으로 디자인할 수 있는 기능을 얻게 된다. 콤마풀이 단편 소설이나 팬픽 등 짧은 분량의 문학 작품 위주인 반면, 왓패드는 어드벤처, 로맨스, 논픽션 등 다양한 장르의 작품을 제공하며 결제를 해야 읽을 수 있는 유료 소설 카테고리도 있다. 크리에이터와 좋은 콘텐츠를 만나고 싶은 사람들을 잇는 이러한 플랫폼들은 작품을 통해 예술에 대한 열망을 충족해주는 역할을 한다.

다양한 기기에서 사용할 수 있는 문학 창작 공유 서비스 왓패드.

내가 만든 작품을 직거래한다

엣시
www.etsy.com

앞서 소개한 비핸스나 드리블, 왓패드 등이 창작자가 직접 자신의 작품을 타인과 공유하고 소통하는 데 집중한 서비스라면 이제부터 소개할 '엣시 Etsy', '게티 이미지Getty Images', '사치 아트Saatchi Art'는 작품을 판매하는 데 목적을 둔 서비스들이다.

엣시나 게티 이미지는 중간 오프라인 유통망을 거치지 않고 창작자가 전 세계 소비자들에게 핸드메이드 상품이나 사진 파일을 직접 판매할 수 있는 플랫폼이다. 사치 아트는 전문 아티스트의 고급 회화 작품을 경매 장소에 가지 않더라도 온라인으로 구입할 수 있도록 해놓았다. 창작자 개인이 처리하기 힘든 마케팅, 유통, 물류 등의 업무를 대신 수행함과 동시에 심미적 창작물을 찾는 소비자들에게도 손쉬운 구매 채널을 제공하는 두 가지 역할을 온라인 플랫폼들이 제공하고 있는 셈이다.

엣시는 개인 창작자들에게 이베이eBay나 아마존 같은 역할을 하는 곳이다. 개인 판매자들이 보석, 빈티지 의류, 회화, 각종 디자인 제품 등을 파는 온라인 벼룩시장 같은 느낌을 준다. 그러나 그 친숙한 느낌과 달리 엣시는 나스닥에 상장된 대형 e 커머스 회사로 2020년 현재 활동 방문자

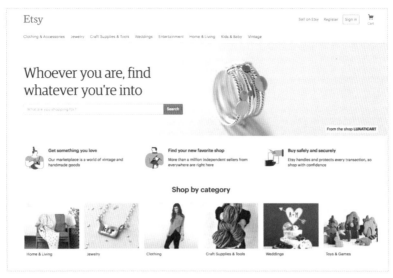

엣시 홈페이지 화면. 창작자가 자신의 작품을 판매할 수 있는 공간을 제공한다.

약 6,000만 명, 등록된 셀러는 약 300만 명 규모다. 등록 물품 수는 약 7,000만 개, 2019년 거래액만 5조 9,000억 원(50억 달러)을 기록했다[2].

엣시에서 물건을 팔고 싶은 셀러는 무료로 개인 상점을 열 수 있지만 판매 여부와 상관없이 물건당 0.2달러를 등록비로 내야하고 물건이 팔리면 판매금액의 5퍼센트를 수수료로 또 내는 구조다. 다른 유사한 서비스들보다 수수료가 저렴하고 구매자들이 많이 찾는 곳이라 우수한 품질의 제품을 판매하는 개인 셀러들 또한 자연스럽게 많이 몰린다.

게티 이미지는 저작권 문제가 해결된 사진 파일을 판매하는 플랫폼이다. 누구나 자신이 찍은 사진을 팔 수 있는데 이때 실제 인물이 등장한다면 작가가 해당 모델과 초상권 협의를 마친 상태여야 한다. 언론 보도용 사진도 판매된다. 가격은 같은 사진이라도 화질에 따라 달라진다. 게티 이미지는 그 이름과 달리 음악 파일을 유통하기도 한다. 에피데믹 사운드 Epidemic Sound와 제휴를 통해 개인 창작자, 프리랜서, 언론사들이 자유롭

저작권이 해결된 이미지를 주로 판매하던 게티 이미지는 현재 음악 파일도 유통한다.

게 쓸 수 있는 음악을 판매한다. 콘텐츠 제작 시 자신이 직접 만든 콘텐츠가 아닌 다른 사람의 저작물을 이용할 때 항상 주의해야 할 점이 저작권인데 게티 이미지는 소비자와 창작자 사이의 이러한 문제점을 비즈니스 기회로 삼은 것이다.

엣시와 게티 이미지가 일반인 창작자들이 자유롭게 드나드는 공간이라면 사치 아트는 프로 화가들을 위한 전문적인 온라인 갤러리다. 세계 100여 개 국가의 약 11만 명의 작가들이 등록되어 있다. 취급 품목은 추상화, 사진, 조각 등 미술 분야 대부분을 망라하며 오리지널 작품만을 거래한다. 따라서 판매 가격이 저렴하지는 않다. 그러나 갤러리에 온 것처럼 판매 작품들을 하나씩 둘러보는 것만으로도 상당한 재미를 준다. 인기 있는 미술 작품들의 트렌드를 살펴볼 수 있고, 일반 갤러리처럼 큐레이터에게 구입하고 싶은 작품에 대한 컨설팅을 받을 수도 있다[3].

사치 아트는 화가들의 작품을 전문적으로 취급하고 있다.

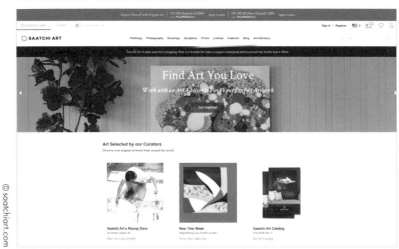

스마트하게 젊어지고 싶다

아름다움의 필수조건 중 하나는 '젊음'이다. 사람은 누구나 나이를 먹기 마련인데 문제는 나이가 들면서 신체적으로 많은 제약과 퇴행을 겪게 된다는 점이다. 그래서 젊어지고 싶다는, 혹은 나이가 들면서 오는 불편함을 줄이려는 다양한 욕망이 존재하게 된다. 글로벌 테크 분야에서도 마찬가지다. 시니어 계층이 경험하게 되는 문제점을 해결하고, 젊은 시절 누렸던 아름다움과 활력을 다시 되찾고 싶다는 욕구를 채워주기 위한 비즈니스 사례가 많다.

중장년층을 위한
비서 서비스

고고그랜드페어런트
gogograndparent.com

'고고그랜드페어런트GoGoGrandparent'는 스마트폰이 없는 50세 이상 중장년층을 위해 우버나 리프트Lyft 같은 공유 차량을 호출해주는 서비스다. 월 회비 약 12,000원(9.99달러)을 내면 고고그랜드페어런트에 전화를 걸어 차량을 부를 수 있다. 고객 입장에서는 콜택시를 부르는 것과 비슷한 방식이지만 이 회사가 차량과 운전자를 소유한 것은 아니다. 대신 고객에게 전화를 받으면 제휴를 맺은 공유 차량 운전자에게 탑승객의 위치와 외모 등을 알려줘 픽업을 할 수 있도록 중간 역할을 할 뿐이다. 사용자는 차량 호출 서비스 외에 도어대시, 우버이츠 등 음식 배달 서비스를 요청하는 것도 가능하다. 고고그랜드페어런트는 유망 스타트업들을 육성하고 투자하는 것으로 유명한 와이콤비네이터로부터 2016년 초기 투자를 받았다.

스마트폰과 신용카드 사용에 익숙한 고객이라면 공유 차량을 호출하거나 음식 배달을 시키는 일은 거의 문제가 되지 않는다. 오히려 편하고 간단한 방법이다. 그러나 중장년층에게는 생각보다 거추장스럽고 불편한 작업이 될 수 있다. 스마트폰 세대가 아닌 사람들에게는 스마트폰 자체가 사용법을 따로 배워야 하는 새로운 시스템이기 때문이다. 앱 스토어 계정을 만들어 신용카드 정보를 연동시키고, 각종 작동법을 익히거나 우버 서비스에서 계정을 만들고 차량을 호출하는 일련의 과정이 너무 복잡하고 어려운 일들인 것이다.

시력이 좋지 않은 어르신들의 신체 조건까지 생각한다면 스마트폰으로 우버를 부르는 것보다 전화 한 통으로 모든 걸 해결하는 방식이 훨씬 편하고 직관적이다. 언제든 차량을 부를 수 있고, 비싼 콜택시 대신 저렴한 가격에 안전한 이동수단을 탈 수 있다는 장점 때문에 어르신들에게도 공유 차량은 매력적이다.

엄브렐러Umbrella도 중장년층의 집안일 고민거리를 해결해주는 서비스다. 이 서비스를 활

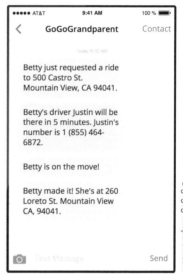

고고그랜드페어런트는 서비스 진행 상황을 문자로 안내해준다.

용하면 잔디 깎기, 지붕 수리, 하수구 청소 등 집의 규모가 작아 업체를 부르기는 부담스럽지만 직접 하기에는 어려움이 있는 힘든 일들을 저렴한 가격에 처리할 수 있어 편리하다. 고객이 엄브렐러에게 맡길 일을 알려주면 엄브렐러는 해당 고객이 사는 지역에서 가장 가까운 곳의 전문가를 찾아 매칭해준다. 앞서 소개한 고고그랜드페어런트처럼 나이가 있는 어르신들이 어떤 현실적인 어려움을 겪는지 세밀하게 파악해 비즈니스 모델을 설계했음을 알 수 있다. 젊은 세대에게는 소구하기 힘든 서비스지만 목표 소비자를 중장년층으로 잡아 그들이 원하는 니즈와 솔루션을 찾아낸 것이다.

안티 에이징의
완벽한 해법

짚
ziipbeauty.com

안티 에이징Anti Aging, 즉 '노화 방지'는 젊어지고 싶다는 욕망에 가장 직접적으로 도전하는 분야다. 화장품 업계는 물론 성형외과, 피부과 등 의학계에서도 노화를 늦추기 위한 각종 연구가 진행되고 있다. 테크 업계도 예외는 아닌데 할리우드 배우들, 그 중에서도 중년에 접어드는 여자 배우들에게 '짚Ziip'은 특히 인기가 높은 브랜드다. '짚'이라는 이름은 '지퍼를 채운다', '파일을 압축한다'는 뜻의 영어 'zip'에서 유래한 것이다. 또한 컴퓨터 마우스 모양의 피부 관리 기기의 이름이면서 모바일 앱을 이용해 피부 탄력을 잡아 주고, 주름을 개선하는 등 9가지 기능을 제공한다. 블루투스로 연결된 앱을 통해 기기에서 나오는 고주파를 조절할 수 있으며, 집에서 편하게 안면 리프팅 관리를 할 수 있다. 가격은 495달러, 한화로 60만 원 정도에 판매되고 있다.

짚이 얼굴 전체 탄력을 관리하는 데 집중한 안티 에이징 기기라면 포레오Foreo의 아이리스IRIS는 눈가 주름 개선에 특화된 제품이다. '노화는 눈부터 온다'는 말이 있는데 그래서인지 화장품도 아이크림이 따로 있을 정도로 눈가 주름 개선에 대한 관심이 높다. 아이리스는 림프 마사지 원

안티 에이징 기기 짚.
9가지의 안티 에이징 기능을 제공한다.

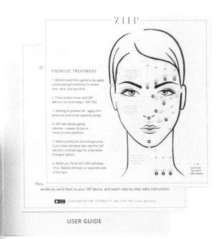

USER GUIDE

CHARGE IT. CLEAN IT. CARRY IT.

리를 이용해 진동으로 눈가를 마사지하고 눈 주위 굴곡에 자극을 준다. 아이리스를 만든 회사인 포레오는 '스킨케어 업계의 애플'이라는 평을 듣는 스웨덴 국적의 회사로 스마트 안면 마스크, 음파 칫솔 등 다양한 뷰티 기기를 판매하고 있다. 이처럼 젊음을 유지하고자 하는 욕구는 테크 기술들과 만나며 혁신을 이어갈 것으로 전망한다.

눈가 주름을 관리하는 푸레우의 아이리스 기기. 림프 마사지 원리를 비봉해 작동한다.

건강한 노년을 위한
디지털 헬스케어

작닥
www.zocdoc.com

젊음에 대한 욕망과 글로벌 테크 시장의 관계를 이야기할 때 빼놓을 수 없는 개념이 '베이비 붐 세대(Baby Boomer)'이다. 베이비 붐 세대는 제2차 세계대전 이후 출산율이 증가한 1946년부터 1964년 사이에 태어난 연령층을 뜻한다. 미국에서 이제 베이비 붐 세대들은 시니어 그룹을 형성하며 노인층을 위한 각종 서비스의 대상이 되고 있다.

미국 사회 전반에 대한 방대한 설문을 진행하는 것으로 유명한 퓨 리서치 센터Pew Research Center에 따르면 2011년부터 2029년까지 미국 인구 중 1만 명이 매일 65세가 된다. 2011년은 베이비 붐 세대에서 가장 나이가 많은 1946년 생이 65세가 되는 해이며, 2029년은 가장 나이가 어린 베이비 붐 세대가 65세가 되는 해이다. 그 결과 2030년에는 미국 인구 5명 중 1명이 65세 이상을 차지하게 된다.

이런 상황에서 아름다운 노년을 원하는 베이비 붐 세대에게 온라인으로 의료 서비스를 제공하는 디지털 헬스케어는 필수적인 서비스다. 디지털 헬스케어는 거동의 불편함을 보완하고, 값비싼 의료비 부담을 경감해줄 수 있다. 병원이나 제약회사를 상대로 하는 시스템이 아닌 개인을 위

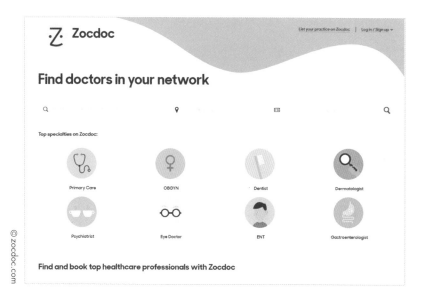

Find doctors in your network

Top specialties on Zocdoc:

Primary Care　　OBGYN　　Dentist　　Dermatologist

Psychiatrist　　Eye Doctor　　ENT　　Gastroenterologist

Find and book top healthcare professionals with Zocdoc

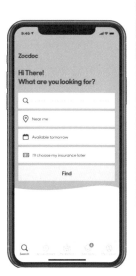

작닥 모바일 앱 화면.

한 디지털 헬스케어의 주된 형태로는 미국의 '작닥Zocdoc', '원 메디컬One Medical', 프랑스의 '닥터립Doctolib'처럼 환자에게 필요한 병원 정보를 소개하고 예약까지 할 수 있는 플랫폼 서비스가 가장 일반적이다. 이들 서비스는 환자와 병원 사이에서 정보의 비대칭성을 해소하고, 환자가 좀 더 편안하게 병원을 이용할 수 있도록 돕는 역할을 한다. 의료진 정보를 미리 알 수 있고, 병원의 위치도 쉽게 검색할 수도 있다.

젊은 세대가 많이 사용하는 애플 워치Apple Watch나 핏비트Fitbit 같은 스마트 밴드도 노년층에게는 저렴하면서 유용한 디지털 헬스케어 서비스다. 미국 은퇴자 협회AARP는 노령 인구의 76퍼센트가 집에 머무르길 원한다고 밝혔는데 바로 이런 기기들이 집 안에서 심장 박동수, 체온, 체지방 등 어르신들의 건강 데이터를 원격으로 수집하고, 그에 적합한 의료 서비스를 제공하는 데 도움이 될 수 있다. 구글 어시스턴트Google Assistant, 애플 시리 , 아마존 알렉사와 같은 인공지능 챗봇이나 스마트 스피커 등도 움직임이 수월하지 않은 노년층이 집에서 헬스케어 서비스를 받거나 혹은 필요한 데이터를 의료 기관에 제공하는 데 톡톡한 역할을 한다.

2019년 백악관이 공개한 〈Emerging Technologies To Support An Aging Population〉이라는 제목의 리포트[4]에 의하면 아름다운 노년을 위해서는 '독립적인 생활'이 중요하다. 여기서 독립적인 생활은 사람이 의식주에 필요한 모든 신체적 정신적 활동을 스스로 영위하는 것을 뜻한다. 이를 위해 센서, 모바일 앱, 로봇 등의 디지털 기술을 활용한 헬스케어가 2020년대에 가장 시급히 보급되어야 한다. 기술적인 부분뿐 아니라 위생 관리, 영양 공급, 약물 관리 등 3가지 영역이 기술에 의해 해결되는지도 함께 고려가 되어야 한다고 이 보고서는 강조한다.

아름다움은 모두의 욕망이다

아름다움을 향한 인간의 욕구는 강력하다. 자신의 외모를 꾸미고, 예술 활동을 하며, 시간의 흔적 대신 젊음을 갈구한다. 인종과 성별, 남녀노소를 불문하고 인간이라면 누구나 갈망하는 본능이다. 앞서 살펴본 여러 글로벌 테크 사례들은 이 욕망을 시장에서 현실로 옮기기 위해 어떤 비즈니스 모델이 가능한지 보여준다. 뷰티 산업은 개인화되고 인공지능과 사물인터넷으로 무장했다. 예술 산업은 모바일 앱과 여러 플랫폼들 덕분에 누구나 쉽고 간편하게 아티스트 혹은 큐레이터가 될 수 있다. 시니어 산업은 노년층을 편하고 건강한 삶을 누릴 수 있도록 해주고 있다.

생활 수준이 높아짐에 따라 아름다움을 향한 욕구는 뚜렷해지고 더 커질 것이다. 풍족한 생활을 누렸던 베이비 붐 세대가 고령화되는 2020년대에 디지털 헬스케어 시장은 높은 성장 가능성을 갖고 있다. 이는 이미 구글, 아마존, 애플 등 거대 IT 기업들이 집중하고 있는 분야이며, 수많은 스타트업들과 투자자들이 공격적으로 뛰어들고 있다. 고령화는 우리나라에서도 중요한 사회 문제가 되고 있고 이를 해결하려는 혁신들이 많이 등장하고 있다. K-뷰티 제품들이 이미 글로벌 시장을 휩쓸고 있는 것처럼 예술 분야와 노년층을 위한 디지털 헬스케어 분야에서도 우수한 글로벌 테크 기업들이 우리나라에서도 많이 배출될 것으로 예상된다.

---

1 마우스 패드처럼 평평한 형태의 태블릿 판에 펜 등으로 글씨를 쓰거나 그림을 그리면 이를 디지털 정보로 변환해주는 기술.
2 https://s22.q4cdn.com/941741262/files/doc_financials/2019/q4/Exhibit-99.1-12.31.2019.pdf
3 digital.hbs.edu/platform-digit/submission/saatchi-art-equal-opportunity-to-sell-and-own-original-art/
4 https://www.whitehouse.gov/wp-content/uploads/2019/03/Emerging-Tech-to-Support-Aging-2019.pdf

Chapter7.

진정한
나를 찾아가는 여정_

자아실현의 욕구

SELF-ACTUALIZATION NEEDS

살아 숨 쉬는 한,

인간이 성장과 발전에 대한 욕망을

멈추는 순간은 없을 것이다.

우리가 욕망하기에

계속 새로운 기술과 비즈니스가

만들어지고, 발전과 진보를

거듭하는 것이다.

최근 국내에서는 성격 유형 검사인 MBTI 테스트를 비롯해 각종 심리 테스트들이 다시 인기를 얻고 있다. MBTI가 16가지 유형으로 성향을 분석하는 것처럼 이러한 테스트들은 몇 가지 범주로 심리, 성향을 분류하여 응답자의 내면을 설명한다. 이 사례는 많은 이들이 스스로에 대해 궁금해 한다는 사실을 보여준다고 할 수 있다

우리는 타인에 대해서는 깊은 관심을 갖고 생각을 하면서도, 자신의 자아에 대해서는 성찰하기 어려운 시대에 살고 있다. 그러나 자아를 탐구하는 방법을 제대로 학습해 본적은 없지만 우리는 자신에 대해 더 잘 알기를 욕망한다.

이 장에서는 자신의 정체성, 즉 자아를 찾아가는 여정을 도와주는 서비스와 기술에 대해 소개한다. 사람들은 이러한 서비스와 기술을 통해 자신이 속한 집단과 사회를 위한 가치, 실현 가능성이 희박하거나 불가능할 수 있는 고차원적인 가치를 추구한다. 자아실현의 욕구를 비즈니스에 반영해 어떻게 새로운 가치를 창출하고, 영향력을 발휘하고 있는지 분석해보자.

나의 내면을
탐구하고 싶다

생리적 욕구, 안전의 욕구 등 본능에 기반한 욕구들이 충족되면 그보다 고차원적인, '나'를 탐구하고 싶은 욕구가 생겨난다. 이를 위해 먼저 자신의 내면 상태를 파악하는 것이 선행되어야 한다. 그리고 그에 따라 적절한 처방과 치료가 필요하다. 최근 기술을 통해 마음을 치료하고 보듬는 서비스들이 큰 인기를 얻고 있으며, 개인의 내면 탐구 욕구를 조직의 성장에 결합시킨 서비스가 인기를 끌고 있다.

마음을
치료해드립니다

인사이트+리그룹
regrouptelehealth.com

마음의 상처가 깊으면 스스로 내면을 들여다보기 힘들고, 자신이 무엇을 원하는지도 알기 어렵다. 이러한 마음 상태에서는 심리 치료가 필요하다. 미국은 심리 치료가 상당히 활성화되어 있다. 비극적인 사건을 경험한 사람들에게 심리 상담을 적극 권하며 일반인들도 치료를 받는다는 사실을 굳이 감추지 않는다. 일반적인 질병처럼 마음도 잘 치료받으면 좋은 상태로 회복될 수 있다고 믿는다. 이런 사회적 배경 때문에 원격 심리 치료(Telepsychiatry)를 제공하는 회사도 쉽게 찾을 수 있는데 그 중 가장 규모가 큰 곳은 '인사이트+리그룹InSight+Regroup'을 꼽을 수 있다

일반적으로 병원이나 상담센터에서 심리 치료를 받으려면 진료 스케줄에 맞춰서 예약을 하고, 예약된 시간에 방문을 해야 한다. 진료 비용도 만만치 않다. 병원이나 상담센터가 없는 지역에 살고 있거나 바쁜 스케줄로 병원 방문이 어려운 경우 또는 경제적 사정으로 치료받기 힘든 경우도 있다. 인사이트+리그룹은 시간과 공간의 제약을 해소하고 저렴한 비용으로 전문적인 심리 치료를 받을 수 있는 '인파시Inpathy'라는 원격 심리 치료 서비스를 온라인으로 운영하고 있다. 이 서비스는 본인의 심리 상태

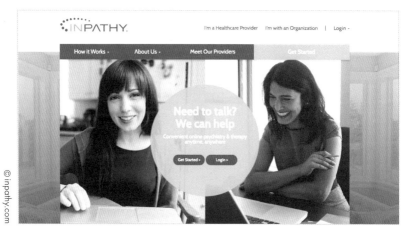

인파시 서비스는 원하는 지역을 선택하면 해당 지역의 심리 치료 전문가에게 상담을 받을 수 있다.

나 취향에 적합한 상담사, 치료사, 정신과 전문의를 직접 선택할 수 있고 자신에게 편한 스케줄을 정해 집에서도 진료를 받을 수 있다. 현재 홈페이지에 등록된 약 80명의 전문가들을 대상으로 오전 7시부터 오후 11시까지 주중, 주말 상관없이 예약상담이 가능하다.

인파시 서비스의 종류는 크게 정신과 상담과, 토크 테라피Talk Therapy로 나눌 수 있다. 정신과 상담은 의학적 평가를 통해 신체적, 행동학적, 인지적 문제를 확인해 약물 치병이나, 다른 처방을 받을 수 있도록 도와주고 있다. 우울증, 불안 장애와 같은 장기적인 상담 관리가 필요한 문제에 대해서는 토크 테라피가 문제를 개선할 수 있도록 도와주고 있다.

이 서비스는 상담센터나 병원에 가기 꺼려지는 사람도 쉽게 상담과 치료를 받을 수 있도록 하는 데 집중했다. 상담 내용은 녹음되지 않고, 철저히 비공개로 이루어지며, 개인정보는 미국 의료정보보호법HIPAA을 철저히 준수하고 있다고 한다.

원격 심리 진료는 장점이 많지만, 분명한 단점도 존재한다. 심리 치료는 의료진과 상담자의 적절한 공감대 형성이 중요하다. 하지만 이 서비스는 원격으로 진행되다 보니 직접 얼굴을 마주 보는 대면 상담에 비해 공감대 형성이 쉽지 않다. 의료진이 화상으로 볼 수 있는 상담자의 모습은 얼굴이나 상반신 정도로 제한적이라 미묘한 목소리 톤의 변화, 보디랭귀지 같은 비언어적 요소를 통해서는 진단하기가 쉽지 않다. 심리 치료 전문가 입장에서는 상담자의 심리 상태를 파악하기 위해 대면으로 상담하는 경우보다 더 많은 노력이 필요하다.

최근 과중한 업무와 스트레스로 인한 번아웃Burnout을 경험하는 사람들이 늘고 있다. 더불어 코로나19 사태는 심리 건강을 크게 위협하고 있다. 미국 정신과협회NAMI의 조사에 따르면 2018년 미국 시민의 43.3퍼센트가 정신과 치료를 받은 것으로 나타났으며, 코로나19 사태로 집에 머무르는 시간이 늘어나면서 '코로나 블루'라는 신조어가 생길 만큼, 불안, 우울, 스트레스를 호소하는 사람들이 증가하고 있다. 사회가 고도화됨에 따라 심리적 문제는 더 깊고 광범위해질 것이다. 이에 많은 테크 기업들이 기술을 통해 문제를 해결하기 위한 노력을 이어가야 할 것이다.

컴퓨터, 휴대폰, 태블릿PC 등 다양한 기기를 이용해 상담 치료를 받을 수 있다.

내면에
집중해보세요

캄
www.calm.com

'캄Calm'은 마음을 편안하게 스스로 명상할 수 있도록 도와주는 모바일 앱이다. 이 서비스는 명상에 평소 관심이 많던 마이클 액턴 스미스Michael Acton Smith와 앨릭스 튜Alex Tew가 2012년 미국 샌프란시스코에서 공동으로 개발했다. 캄을 실행시키면 제일 먼저 '심호흡을 하세요(Take a deep breath)'라는 문구가 나오고 잠시 후 잔잔한 물소리와 조용히 일렁이는 아름다운 호수를 볼 수 있다. 마치 가상의 명상을 위한 장소를 제공받는 듯한 느낌이 든다. 몇 초 되지 않는 도입 부분이지만 사용자가 편안한 기분이 들도록 고민한 흔적이 역력하다.

이 앱에는 명상을 해본 적 없는 입문자를 위한 다양한 코스가 준비되어 있다. 그 중 '데일리 캄Daily Calm'이라는 코스는 초보자도 매일 쉽게 명상을 할 수 있도록 10분 내외로 짧게 구성되어 있다. 이 코스는 잔잔하게 흘러나오는 음악에 맞춰 마음과 호흡을 안정시킨 후, 성우의 부드러운 내레이션에 따라 명상이 진행된다. 각 코스들은 중도포기하지 않도록 짧고 쉽게 구성되어 있으며 명상과 휴식을 통해서 자신의 내면에 집중할 수 있는 힘을 키워준다. 최근에는 매슈 매코너헤이Matthew McConaughey, 켈리

캄 모바일 앱 화면은 평화로움을 느낄 수 있도록 구성되어 있다.

작고한 화가 밥 로스의 목소리로 명상을 할 수 있다.

롤런드Kelly Rowland와 같은 배우나 많은 유명인들과 협업을 진행했고 '그림 그리기 참 쉽죠?'라는 멘트로 친숙한 화가 밥 로스Bob Ross의 목소리도 캄을 통해 들을 수 있다.

　캄의 비즈니스 모델은 구독형 과금 모델로 연간 약 80,000원(69.99달러)이라는 그리 저렴하지 않은 가격 정책을 취하고 있지만 그 인기와 유명세는 실로 엄청나다. 캄은 현재 5,000만이 넘는 다운로드를 기록했으며, 별 다섯 개 리뷰가 약 70만 개나 달려 있다. 비영리 단체 휴먼 테크놀로지 센터Center for Humane Technology[1]에서 뽑은 '세상에서 가장 행복한 앱'에도 선정되었다. 나아가 이 앱은 2018년 미국에서 가장 빠르게 성장하는 민간 기업으로 선정되었고, 회사 가치는 2019년 2월 기준 1조 2,000억 원(10억 달러)으로 평가받았다.

　시장 조사 업체 팩트앰알Fact.MR에 따르면, 명상 앱 시장은 지속적으로 성장하고 있다. 시장 규모는 연 평균 최대 8.5퍼센트의 높은 증가세를 유지하며 2029년까지 2,208억 원(1억 8,400만 달러) 시장으로 성장할 것으로 예상되고 있다. 이 놀라운 성장률과 숫자들은 마음을 안정시키고 내면에 집중하기를 원하는 사람들이 그만큼 많다는 것을 의미한다. 명상을 통해 스트레스를 줄이고, 자신의 내면을 탐구하려는 욕구가 시장에 반영된 것이다. 복잡한 사회와 각종 경쟁, 그 속에 고립되지 않고 산만한 상태를 벗어나 진정한 나 자신을 찾는 방법에 대해 많은 이들이 고민하고 있음을 보여준다.

나만의 잠재력을
분석하다

퓨엘50
www.fuel50.com

내면을 탐구하고 싶은 욕구에 집중한 세 번째 사례는 '퓨엘50Fuel50'이다. 퓨엘50은 커리어 분석, 전략, 코칭 분야에서 많은 경험을 가지고 있는 앤 풀턴Anne Fulton과 조 밀스Jo Mills가 2013년 공동 설립한 회사다. 이 회사는 조직원들의 커리어와 잠재력을 개발해 회사와 직원들이 시너지를 낼 수 있도록 돕는 서비스를 제공하고 있다. 월마트, 펩시Pepsi, 이베이, 마스터카드 등 50여 개 글로벌 기업이 퓨엘50의 고객이며 최근까지 약 247억 원(2,060만 달러)을 투자 받으며 빠르게 성장 중이다.

이 서비스는 여느 커리어 코칭이나 조직 관리 서비스들과는 확연한 차이가 있다. 개인의 재능과 잠재력을 발굴하고 향상시킬 수 있도록 돕고, 향상된 능력을 회사의 목표에 맞게 사용하도록 안내하는 다양한 콘텐츠와 기능을 제공하고 있다. 예를 들어 카드 게임 형태의 '퓨엘 팩터Fuel Factor' 테스트를 통해 직원 개인이 중요하게 생각하는 가치는 무엇인지, 어떤 일에 만족감을 느끼는지 등 여러 요소들을 분석할 수 있다. 분석 결과를 토대로 해당 직원의 보유 기술, 역량, 가치관, 관심사에 적합한 포지션을 매칭하고, 해당 포지션에서 성장할 수 있도록 도와준다.

퓨엘 팩터 테스트를 통해 개인의 가치관과 성향을 세밀하게 분석할 수 있다.

퓨엘 골스 화면에서 개인의 목표 설정과 조직의 목표를 확인할 수 있다.

퓨엘 팩터로 찾은 역량과 잠재력은 퓨엘 골스Fuel Goals로 구체적인 목표와 계획을 세워 향상시킬 수 있다. 진행 상태는 카드 형태로 쉽게 표시하고 확인할 수 있어 성취욕을 증가시킨다. 퓨엘 멘토Fuel Mentor 기능은 개인에게 어울리는 멘토를 찾을 수 있게 해준다. 이 기능은 멘티Mentee의 재능과 관심사를 토대로 인공지능 기술을 활용해 최적의 멘토를 추천해준다. 멘티가 조언 받고 싶은 포지션이나, 특정 분야의 기술을 보유한 멘토를 직접 검색해 찾을 수 있다. 이 서비스를 통해서 멘티가 멘토의 경험과 지혜를 배우면서 좀 더 빠르게 성장할 수 있는 혜택을 얻을 수 있다.

퓨엘50의 기능 중 가장 인상적인 부분은 개인의 가치관과 잠재력이 무엇인지 탐색할 수 있는 기회를 제공한다는 것이다. 자신의 커리어의 구체적인 방향성을 설정하고, 각 과정을 기록하여 계속 트래킹할 수 있도록 설계되어 있다. 가시적으로 나의 성장이 얼마나 이루어졌는지, 나의 성장이 조직의 발전에 얼마나 기여했는지 쉽게 확인할 수 있다. 이를 통해 목표를 성취했을 경우 높은 성취감을 얻을 수 있고, 목표 달성에 실패한 경우 문제점을 분석해 다시 자신의 커리어 전략을 수정할 수 있다. 퓨엘50은 조직의 성장에만 포커스를 두는 것이 아니라, 개인과 조직이 함께 성장하고 싶다는 욕구를 충족시켜주는 커리어 서비스다.

사회적 가치를
창출하고 싶다

자아실현에는 개인에 대한 가치를
완성하는 것만 포함되는 것이 아니다.
자신이 속한 집단과 사회에 공헌하는 것도
자아를 실현하는 하나의 방법이다. 이러한
차원에서 사회적 가치를 제공하며, 사회와
세상에 선한 영향력을 행사하는 기업들이
있다. 이 기업들은 이익을 추구하면서
동시에 사회적 가치를 만들어내는 데에
집중하고 있다.

인공지능으로 달성한
이타주의

사마소스
www.samasource.com

무조건적인 이익 추구 대신 사회적 가치 창출에 집중하는 기업들이 있다. '사마소스Samasource'는 인공지능 기술을 사회적 가치와 연결한 대표적인 사례다. 사마소스는 설립자 레일라 자나Leila Janah가 이타주의와 테크놀로지가 결합할 수 있다는 신념을 가지고 2008년 샌프란시스코에서 설립했다. 레일라 자나는 세계경제포럼WEF의 젊은 글로벌 리더Young Global Leader, 2014년 하인즈 어워드Heinz Award 최연소 수상자로 선정되었다. 그녀는 2013년 사마 스쿨Sama School을 설립해 동아프리카 지역의 교육과 일자리 제공에 힘쓰던 중 2020월 1월, 37살의 나이에 암으로 세상을 떠났다. 현재는 부사장 겸 COO인 웬디 곤살레스Wendy Gonzalez가 임시 CEO를 역임하고 있다.

사마소스가 주력으로 하는 사업은 인공지능 알고리즘을 개발하는 데 도움을 줄 고품질의 데이터를 제공하는 것이다. 포춘Fortune에서 선정한 50대 기업 중 25퍼센트가 사마소스의 데이터를 이용하고 있다. 이 중에는 우리가 잘 아는 구글, 월마트, 포드Ford도 포함되어 있다.

인공지능 시스템을 개발하는 프로젝트에서 약 80퍼센트의 시간이 인공지능 모델을 학습시킬 데이터를 수집하고, 정제하는 데 소요된다. 이 과정에서 데이터 라벨링Data Labeling이란 개념이 중요한데 이는 인공지능 학습에 필요한 데이터를 수집, 분류, 정제하는 작업을 의미한다. 사마소스의 경쟁력 중 하나는 타사 대비 높은 정확도의 데이터 라벨링을 제공하는 것이다. 다른 회사들은 보통 데이터 라벨링 작업에 저렴한 노동력을 이용하려 하고 따라서 라벨링의 결과가 좋지 않다. 사마소스는 이 지점에 사업 기회가 있음을 발견하고 고품질의 데이터를 제공하는 데 초점을 맞추었다.

사마소스에서 데이터 라벨링 작업을 하는 직원은 동아프리카의 케냐, 우간다 지역의 거주민들이다. 사마소스는 이들에게 체계적인 교육을 제공해 고도화된 작업이 가능하도록 훈련시켰다. 뿐만 아니라 그들이 데이터 라벨링 작업에서 습득한 기술을 바탕으로 높은 수준의 커리어를 쌓을 수 있도록 했다. 사마소스는 다른 경쟁사들과 달리 데이터의 품질을

활짝 웃고 있는 사마소스의 직원들. 이들은 사마소스의 교육을 통해 숙련된 기술자가 된다.

© samasource.com

Chapter7. 진정한 나를 찾아가는 여정 _ 자아실현의 욕구

높이는 방식으로 이익을 창출하고, 직원들에게도 사회적 책임을 다하고 있다. 현재 이 회사는 2,900명의 글로벌 직원을 보유해 동아프리카 지역에서 가장 큰 인공지능 데이터 회사가 되었다.

사마소스는 인공지능이 편견을 갖는 것, 즉 인공지능의 데이터 편향(Data Bias)의 문제에 대해서도 깊은 관심을 가져왔다. 인공지능이 인간의 편견을 그대로 학습해 인종이나 성을 차별하는 문제가 최근 이슈가 되고 있다. 한쪽 견해로 편향된 데이터로 개발된 인공지능 알고리즘은 윤리적, 법적, 안전상의 문제를 야기할 수 있으며 인종, 성별 등에 대해 부정적인 고정 관념을 강화시키고, 이를 제도적으로 지속시키는 역할을 할 수 있다.

이 같은 문제는 주로 데이터 자체가 치우쳐 있거나, 데이터 정제 과정이 원인이 되어 발생한다. 이를 해결하기 위해 사마소스는 자체 인공지능 편향 탐지 솔루션을 이용해 인공지능의 편향을 감지했다. 사람의 감독 아래 데이터의 다양성과 품질을 검증해 편향을 줄이고자 한 것이다. 의도적으로 다양한 데이터를 수집하는 팀을 꾸려 데이터 편향의 위험을 피하면서 품질을 개선하기 위해 노력 중이다.

사마소스는 무조건적인 이윤 추구 대신 사회적 가치를 창출하면서도 높은 품질의 결과물을 만들어 내고 있다. 이 회사는 사람과 기술이 공존할 수 있는 방향을 찾는 이상적인 회사의 모습을 보여준다. 사회적 가치에 기여하고 싶은 선한 욕망이 빈곤으로 고통 받는 사람들에게 성장의 욕구를 불러일으킴으로써 자아실현을 돕고

드론으로
혈액을 공급하다

지프라인
flyzipline.com

열악한 환경에 처한 이들의 생명을 지켜주며 사회적 가치를 창출하는 기업이 있다. '지프라인Zipline'은 자체 제작한 드론으로 교통이 불편하거나, 인프라가 열악한 지역의 의료센터에 중요 약품을 전달한다. 이러한 지역의 의료센터로 의약품을 전달하기란 녹록치 않은 일이다. 한 번에 많은 의약품을 구비해 놓는 것도 문제를 완전히 해결하지는 못한다. 의료 약품은 기본적으로 보관 방법이 까다롭고, 유통기한이 짧기 때문에 많은 약품을 오랜 기간 보관하기가 어렵다.

특히 혈청이니 혈액 제제같이 가격이 비싸고, 저온 보관이 필요한 의약품은 모든 의료센터에서 비축해 둘 여유가 없다. 해당 약품의 재고가 없으면 재고가 있는 병원으로 환자를 긴급 이송해야 한다. 그런데 만약 그 병원의 거리가 멀거나 이송 도중에 환자의 상태가 더욱 악화된다면 최악의 경우 사망할 위험이 있다.

지프라인은 이런 문제를 해결하기 위해 드론을 활용했다. 의약품을 보관할 수 있는 물류센터를 세운 뒤 의료센터에서 약품 요청이 들어오면 드론을 이용해 약품을 전달하는 방식이다. 드론은 물류센터에서 80킬로

지프라인의 드론은 약품에 낙하산을 달아 지상으로 떨어뜨리는 방식으로 전달한다.

르완다 지프라인 드론 물류센터는 현재 두 곳이 운영되고 있다.

미터 이내의 의료센터에 45분 내로 약품을 전달 할 수 있으며, 약 4킬로 그램의 무게까지 견딜 수 있다.

지프라인은 현재 인프라가 열악한 르완다, 가나, 인도와 계약을 체결해 드론 물류센터를 세우고 약품을 전달하고 있다. 특히 르완다와 가나에서 는 없어서는 안 될 소중한 의약품 배송 수단이 되고 있다. 가나의 경우 2,500개의 의료센터에 서비스를 공급하고 있고, 르완다는 현재 두 개의 물류센터를 운영하고 있다. 르완다에서는 2016년 겨울, 두 살 아기가 상 태가 위독해 많은 혈액이 필요한 상황이 발생했는데 당시 지프라인의 드 론으로 신속하게 혈액을 공급받아 아기의 목숨을 구할 수 있었다. 2019 년 여름, 가나에서는 망고아세Mangoase 고등학교에서 113명의 학생들이 집단 급성 설사로 인한 탈수를 겪고 있을 때 의약품을 전달해 치료에 결 정적인 역할을 했다.

지프라인이 건설한 물류센터는 지역민들을 고용하는 긍정적인 역할도 하고 있다. 교육을 받은 지역민들이 직접 드론을 관리하고, 비행을 모니 터링한다. 지역민들의 경제적 자립을 도우며 지역 사회 발전에도 이바지 하는 모델로 평가 받고 있다.

지프라인은 시구상 보는 사람에게 필요한 의약품을 즉시 전달해 이용 할 수 있게 하겠다는 핵심 가치를 지향하고 있다. 첨단 기술을 사용함으 로써 사회적 가치를 창출하려는 그들의 선한 욕구는 2018년 〈뉴욕 타임 스〉가 뽑은 '굿 테크 어워드Good Tech Awards'의 영예를 안으며 세계적으로 인정받게 되었다.

대기오염의 주범,
메탄가스와의 전쟁

심브로시아
symbrosia.co

전 세계가 기후 변화의 원인인 온실가스를 줄이기 위해 노력하고 있다. 기후 변화 문제는 일부만의 문제가 아닌 인류의 위협이다. 이 위협을 해결하기 위한 사회적 미션에 동참한 기업이 있다. 2018년에 하와이를 기반으로 설립된 클린테크Clean-tech 기업인 '심브로시아Symbrosia'이다.

대표적인 온실가스로는 메탄가스와 이산화탄소가 있는데 그중 메탄가스는 이산화탄소보다 더 큰 위협이 되고 있다. 한 연구 결과에 따르면 메탄가스와 이산화탄소가 동일하게 배출될 경우 메탄가스가 약 25~30배 정도 온난화에 더 악영향을 미친다고 한다. 메탄가스의 배출량을 감축하는 것이 이산화탄소 배출량을 줄이는 것보다 단기간 큰 효과를 가져올 수 있는데, 특히 가축에게서 배출되는 메탄가스를 줄이는 것이 가장 효율적인 해결책으로 떠오르고 있다.

가축, 특히 소가 먹이를 소화하는 과정에서 장내 미생물 발효가 발생하는데 이때 다량의 메탄가스가 생성된다. 생성된 메탄가스는 소가 풀을 되새김질하면서 하는 트림과 방귀를 통해 배출된다. 〈가디언Guardian〉에 따르면 소 한 마리가 1년 동안 대기 중에 배출하는 메탄가스의 양은 약

200킬로그램에 달한다고 한다. 유엔 식량농업기구FAO 따르면, 세계 축산업과 관련된 온실가스 발생 원인의 39퍼센트가 소가 배출하는 메탄가스라고 한다. 전 세계에서 키우는 15억 마리의 소들이 매일같이 많은 양의 메탄가스를 내뿜고 있다. 문제는 고기와 유제품 소비가 계속 증가하면서 메탄가스 배출량도 더욱 증가될 것으로 예상된다는 것이다.

이에 심각성을 느낀 기업들이 가축의 메탄가스 배출량을 줄이기 위한 연구를 시작했다. 특히 심브로시아는 천연 사료 첨가제를 개발하고 있는데 바다고리풀(학명 Asparagopsis Taxiformis)이라는 홍조류를 가공해 사료의 0.2퍼센트 정도로 첨가할 경우, 장내 메탄가스 배출이 90퍼센트나 감축된다고 한다[2]. 이 첨가제를 사료에 섞어도 우유 생산량이나, 가축의 사료 섭취량에 부정적 영향을 미치지 않는다는 점도 확인되었다[3].

이 홍조류는 아시아, 호주 일부 지역과 하와이를 포함한 미국 일부 지역에서 자라는데, 심브로시아는 이 홍조류를 대량으로 양식할 수 있는

바다고리풀로 가공한 천연 사료 첨가제. 메탄가스를 줄이는 데 탁월한 효과를 보인 것으로 알려졌다.

재배 기술을 하와이에서 연구 중이다. 홍조류가 가축의 소화를 돕는 미생물에 미치는 영향, 미생물이 홍조류에 적응하게 되었을 경우 메탄가스 감축 효과가 지속적으로 발생하는지 등의 연구도 진행 중이다.

가축이 내뿜는 메탄가스 감축은 기후 변화를 위한 노력으로 의미가 없다며 조롱과 비난을 해왔던 기업들도 이제 진지한 시각으로 문제에 접근하기 시작했다. 2020년 7월 버거킹은 제휴 농장 소들의 사료에 허브의 일종인 레몬그라스를 첨가해 메탄가스 배출량을 기존보자 33퍼센트 줄이겠다고 발표했다. 정부와 지차제도 문제의 심각성을 인지하고 대책을 마련하고 있다. 낙농업이 발달한 캘리포니아의 경우, 지역 메탄가스 감축 법안에 따라 2030년까지 2013년에 배출됐던 메탄가스 기준의 40퍼센트 수준으로 배출량을 감축해야 한다.

물론 지구 전체의 메탄가스 배출량에서 목축업이 차지하는 비중은 에너지, 운송 분야에 비하면 적은 편이다. 하지만 식습관의 고급화로 인해 가축이 생산하는 메탄가스가 계속 증가하고 있기에 이에 대한 지속적인 관심과 연구가 필요하다. 환경 보호라는 사회적 가치를 위해 심브로시아는 비난과 조롱 속에도 그동안 흔들림 없는 연구를 해왔기에 그 성과로 다양한 온실가스 감축 기술이나 방법들을 현재 전 세계에 제시하고 있다.

죽음,
그 이상을 추구하고 싶다

인간은 자기완성을 위해 끊임없이 목표를
세우고, 이를 실현하기 위해 노력한다. 삶을
잘 마무리하도록 돕는 서비스와 그 죽음마저
뛰어넘으려는 노력, 신과의 소통 방법을
온라인으로 옮긴 비즈니스들이 있다. 인간은
끊임없이 더 높은 가치를 추구한다. 때로는
불가능하다고 믿었던 것들에도 도전한다. 인간이
욕망하는 한 앞으로도 신기술과 서비스가
만들어질 것이다. 하늘에 닿으려 했던 욕망이
바벨탑을 만들어냈던 것처럼 어쩌면 지금의
우리도 하늘에 가까워지고 있는지 모른다.

인생의 마지막 순간을 준비하다

케이크
www.joincake.com

삶의 끝인 죽음마저도 잘 완성시킴으로써 완전한 자아실현을 돕는 스타트업이 있다. 2015년 미국 매사추세츠에서 설립된 '케이크Cake'는 죽음을 잘 준비할 수 있도록 도와주는 플랫폼이다. 왜 삶의 끝을 준비하는 플랫폼의 이름이 케이크일까? 회사 소개에 따르면 케이크가 죽음을 떠오르게 하는 단어는 아니지만, 우리의 삶을 축하하는 따뜻하고 매력적인 상징이라서 선택했다고 한다.

케이크의 공동 설립자이자 CEO인 쉘린 첸Suelin Chen은 "비즈니스란 아이디어를 세상에 내놓아 사람들을 감동시키고, 진정한 영향을 미치는 것"이라고 말한다. 그녀는 2014년 MIT 그랜드 핵MIT Grand Hack 대회에 참가했다. 그곳에서 쉘린 첸은 기술을 삶의 끝에 놓인 사람들의 환경을 개선하는 데 사용하려는 생각을 공유했고, 공동 설립자인 마크 장Mark Zhang이 그 뜻에 공감하며 회사를 창업하게 되었다.

이 플랫폼은 간단한 질문들과 체크리스트를 통해 자신의 취향과 선호에 따라 죽음을 미리 준비할 수 있도록 해준다. 장례식에서 중요하게 생각하는 부분, 장례식 장소 선정, 장례식 초대 명단, 누구를 초대하지 않

앞으면 하는지, 장사(葬事) 방식 등 선호하는 바를 미리 입력해 놓을 수 있다. 추가적으로 법적 효력이 있는 유언장 작성을 돕고 있으며, 보유 재산 정보, 부양가족에 대한 부양자 지정 등과 같이 민감할 수 있는 부분에 대해서도 미리 기록해 사후에 발생할 수 있는 갈등을 줄일 수 있도록 도와주고 있다.

이렇게 기록된 정보들을 토대로 남은 이들은 떠난 사람의 소원을 들어 줄 수 있다. 사랑하는 사람을 잃는 것은 정말 힘들고 고통스러운 일이다. 하지만 떠난 사람의 마지막 소원들을 들어줌으로써 슬픔이나 죄책감을 덜 수 있다. 이 회사 역시 죽음을 미리 계획하는 것이 사랑하는 사람들을 위한 배려라고 말한다.

케이크는 기존에 흩어져 있던 장례, 상속 유산, 디지털 유산 관리 서비스들을 한 곳에 모아 원스톱 처리가 가능하도록 했다. 더불어 2,000개가 넘는 각종 콘텐츠를 제공하고 있어 매월 150만 명의 사람들에게 죽음에 대한 준비를 미리 탐색해 볼 수 있도록 하고 있다.

현재 이 플랫폼은 무료로 서비스가 제공되고 있지만 매사추세츠 종합

케이크는 실분시를 통해 죽음을 준비하는 과정을 돕는다.

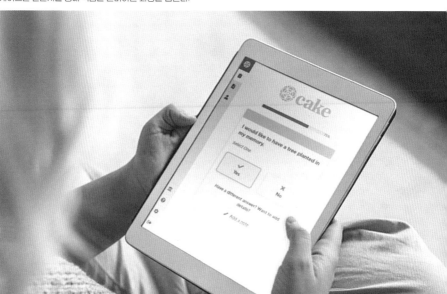

병원, 낫웨스트Natwest 등 병원 및 금융기관과 협력해 협력사의 제품을 추천, 중개하면서 수익을 내고 있다. 현재 유료 프리미엄 서비스도 준비 중이다.

누구에게나 언젠가 삶의 끝은 오고, 죽음을 피할 수 있는 방법은 없다. 그러나 죽음을 미리 마주해 봄으로써 삶의 가치와 의미를 되새겨 보고, 삶의 목적의식을 좀 더 고취시킬 수 있다. 케이크는 죽음을 준비하면서 삶에서 내가 진정으로 원하는 바가 무엇인지, 또는 욕망하는 바가 무엇인지, 스스로 반추해 볼 수 있는 기회가 될 수 있다.

모바일로 만나는
하나님

프레이
www.**pray**.com

사람들은 끊임없이 신에 대해 알고 싶어 하고, 소통하고 싶어 한다. 이는 종교를 통해 가능한데, 이제 이러한 종교 활동을 예배당에서뿐 아니라 온라인에서도 가능하게 되었다. '프레이Pray'는 기독교 신자들을 위해 기도와 성경 공부를 온라인에서 할 수 있도록 도와주는 모바일 앱이다. 프레이에 로그인하면 깔끔하고 세련된 디자인의 다양한 종교 콘텐츠들이 한눈에 들어온다. 교회나 성경 관련 온라인 종교 서비스들은 구식일 것이라는 편견을 단번에 깨주고 있다.

프레이는 종교 기반의 플랫폼을 추구하고 있는데, 특히 일일 기도(Daily prayer), 잠들기 전 듣는 오디오 성경 이야기(Bible Bedtime) 콘텐츠가 인기를 끌고 있다. 찬송이나, 명상, 휴식 음악을 제공하는 메뉴, 페이스북 뉴스피드와 유사한 화면 구성으로 각자의 기도 내용을 공유하는 커뮤니티 메뉴도 사용자들에게 좋은 평을 받고 있다. 여러 유명 인사들과 협업한 종교 콘텐츠들도 인기가 많다. 〈반지의 제왕〉의 숀 오스틴Sean Astin, 드라마 〈굿 플레이스〉의 크리스틴 벨Kristen Bell 등이 오디오 성경 드라마 〈하나님의 말씀Word of God〉 에피소드에 등장했다.

프레이는 대중적으로도 큰 관심을 받고 있다. 미국에서 기도 부분 모바일 앱 1위를 달리고 있으며, 종교 앱 중 유일하게 애플 라이프 스타일 부분 10위 안에 들기도 했다. 이런 인기에 힘입어 CEO인 스티브 개티너Steve Gatena는 유엔이 선정한 올해의 기업가상, 〈포브스Forbes〉가 선정한 '전 세대에게 유명한 기업가' 8위로 선정되기도 했다. 이 같은 인기로 2020년 5월에는 마이크 펜스Mike Pence 부통령이 프레이에서 전국 기도의 날 기념 비디오 연설을 하기도 했다.

프레이는 믿음을 키우고, 종교 공동체를 일구는 것을 그들의 사명이자 미션으로 여긴다. 그래서 신앙을 가진 사람들이 더 건강하고 뜨거운 신앙생활을 유지할 수 있도록 노력해왔다. 프레이는 종교인 중심의 플랫폼을 구축하고, 온라인 공간에서 회원들이 기도를 공유하며 누구나 신앙생활에 대한 콘텐츠를 즐길 수 있도록 만들었다. 페이스북처럼 클럽 커뮤니티를 만들어 같은 교회를 다니는 교인들끼리 커뮤니티를 형성할 수 있다.

찬송이나 명상 등의 종교 콘텐츠를 제공받거나 기도 계획 등을 공유할 수 있다.

현재 미국은 젊은 세대들이 점점 신앙생활과 멀어지는 현상을 겪고 있다. 2019년 출간된 책《Faith for Exiles》에 따르면 미국의 18세~25세 청년들의 교회 이탈률이 지난 10년 간 59퍼센트에서 64퍼센트로 증가했다. 젊은 세대들은 교회를 중요하게 여기지 않을 가능성이 있다고 이 책은 경고하고 있다. 프레이는 이런 현상을 대비해 종교 콘텐츠뿐 아니라 명상과 소셜 네트워크 기능을 함께 제공해 거부감 없이 젊은 세대에게 다가갈 수 있도록 만들었다. 스티브 개티너는 "종교 기반 콘텐츠의 미래는 모바일 앱과, 소셜 미디어로 향할 것"이라고 예상했다.

코로나19 사태의 여파로 교회의 디지털 트랜스포메이션Digital Transformation이 가속화되고 있다. 기존에는 지역 교회를 중심으로 종교 활동을 했지만, 코로나19로 인해 이것이 어렵게 되자 각 교회는 깊은 고민에 빠질 수밖에 없는 상황이다. 반면, 프레이는 온라인으로 신도들을 연결하고, 종교 공동체를 유지시켜 줄 수 있는 좋은 대안으로 떠오르고 있다.

영원한
삶을 꿈꾸다

넥톰
nectome.com

사람은 자신이 도달할 수 없을 것 같은 어떤 초월적인 영역에 도전하고 성취하길 원한다. 2015년 탄생한 스타트업 '넥톰Nectome'도 비슷한 목표를 갖고 있다. 넥톰은 뇌를 보존하고 모든 기억을 온전하게 유지하는 것을 목표로 설립된 신경 과학(Neuroscience)[5] 스타트업이다.

넥톰의 홈페이지는 자사의 목표를 '미래로 당신을 다시 데려오기 위해, 당신의 뇌를 보존하는 것', '마음을 백업하는 것'이라고 밝히고 있다. 어떻게 보면 다소 허무맹랑한 주장이라고 생각할 수 있는 내용들이다. 이에 대해 실제로 이런 비즈니스가 가능한지, 윤리적으로 문제는 없는지 많은 논란이 있다.

창업자이자 CEO인 로버트 매킨타이어Robert McIntyre는 자사의 목표가 실현 가능할 것이라 믿고 연구를 계속 진행하고 있다. 그는 뇌를 첨단 기술로 방부 처리해 수 년에서 수백 년까지 보존한다면, 미래의 과학자들이 보존된 뇌를 컴퓨터에 업로드해 기억을 되살릴 수 있다고 믿는다. 마치 영화 〈트랜센던스Transcendence〉에서 주인공이 의식을 슈퍼컴퓨터에 업로드한 후 살아난 것처럼 말이다.[6]

넥톰의 아이디어가 현실성이 없는 것은 아니다. 여러 단체로부터 진지하게 인정을 받고 있다. 실리콘밸리의 대표적인 스타트업 투자사 와이콤비네이터의 지원이 있었고, 미국 국립정신건강연구소NIMH로부터 10억 7,000만 원(91만 5,000달러) 이상의 보조금을 지원 받았다. 또 MIT 신경과학자 에드워드 보이든Edward Boyden 연구팀과 협력해 돼지의

1,000억 개의 신경 세포들이 연결된 신경망 지도 커넥톰.

뇌 보존에 대한 연구를 진행하기도 했다. 연구 결과, 돼지의 뇌를 모든 신경 연결이 온전히 전자 현미경으로 잘 보일 정도로 보존했고, 그 성과를 인정받아 뇌 보존 재단Brain Preservation Foundation으로부터 9,600만 원(80,000달러)의 상금을 획득했다.

넥톰에 따르면 이른바 '커넥톰Connectome'을 잘 보존할 수 있으면, 뇌를 손상 없이 보존할 수 있다고 한다. 커넥톰은 한 개체의 신경계 안에 존재하는 모든 신경 세포들의 연결망 지도로, 인간은 1,000억 개의 신경세포가 각 신경들의 접합점인 시냅스Synapse로 연결되어 있다.

하지만 넥톰의 주장에 대해 학계 반응은 긍정적이지 않다. 플로리다주립대의 신경 과학자 옌스 포엘Jens Foell은 "세포 발화 행동은 시냅스가 아닌 다른 부분에 의해 결정되며, 그중 일부는 수명이 짧다"고 반박했다. 하버드대학교에서 신경 과학을 연구하는 샘 거슈먼Sam Gershman은 "기억이 어떻게 저장되는지에 대한 우리의 지식 수준을 감안했을 때, 신경 세

포 사이의 연결 정보만 안다고 해서 모든 기억을 재구성할 수는 없다"고 말했다.

윤리적 논란도 제기된다. 뇌를 효과적으로 보전하기 위해서는 살아 있는 뇌를 보존해야 한다는 주장이 그것이다. 이를 위해 시한부 삶을 살고 있는 사람들의 자살을 도와주고, 그들의 뇌를 보존하는 것에 대해 논의하고 있다는 이야기가 흘러나온다. 존엄사가 합법화된 캘리포니아 같은 일부 지역에서는 이 서비스가 합법적일 수 있다는 것이다. 이 논란으로 MIT는 넥톰과의 모든 관계를 끊고 협력을 중단하기도 했다.

넥톰의 뇌 보존 서비스는 아직 상업화되지는 않았지만 원하는 사람은 보존 서비스의 대기자 명단에 이름을 올릴 수 있다. 10,000달러의 보증금을 내면 이 서비스의 대기자가 될 수 있는데, 마음이 바뀌면 전액 환불도 가능하다. 대기자들 중 유명인으로는 와이콤비네이터 대표였던 샘 올트먼 Sam Altman도 포함되어 있다. 그는 〈MIT 테크놀로지 리뷰〉와의 인터뷰에서 "내가 살아 있는 동안 정신이 디지털화될 것이라고 확신한다"며 "나는 내 뇌가 클라우드에 업로드될 것이라고 생각한다"고 말했다.

인간의 욕망은 끝이 없다. 현재 샘 올트먼과 같이 세계적으로 성공한 사람도 결국 삶에 대한 끝없는 욕망을 가지고 있다. 자아실현이라는 고차원적인 욕구는 채워지기 어려우며 오히려 욕구가 충족되면 될수록 더 큰 무엇인가를 바라게 된다. 천하를 통일시킨 진시황이 마지막까지 간절히 원했던 것이 불로장생이듯 말이다.

자아실현의 욕구는 절대 사라지지 않는다

일론 머스크Elon Musk는 화성을 식민지로 만들거나, 인간의 뇌와 컴퓨터를 연결하는 SF소설에나 있을 법한 목표를 가지고 있었다. 하지만 2020년 8월 2일 스페이스XSpaceX의 유인 우주선 크루 드래곤Crew Dragon이 두 달여간의 우주 체류를 마치고 무사 귀환에 성공했다. 같은 달 28일, 또 다른 그의 회사 뉴럴링크Neuralink는 돼지의 뇌에 칩을 이식해 뇌파 신호를 무선 전송하는 모습을 선보였다.

일론 머스크는 불가능할 것 같던 목표들에 한 발자국씩 가까워지고 있다. 자아실현의 욕구는 끊임없이 성장을 갈망하는 욕구로, 목표를 세우는 원천이자 이에 도전하기 위한 추진체 역할을 한다. 그의 목표에 대한 추진력과 원동력은 이 자아실현의 욕구에서 기인된 것으로 생각된다.

생리적 욕구나 안전의 욕구같이 기본적인 욕구들이 충족되고 난 후, 우리는 자아 정체성에 대해 고민하고, 더 높은 가치를 추구하고 욕망한다. 때로는 불가능하다고 생각했던 것들에 도전하고 그 도전을 통해 발전한다. 살아 숨 쉬는 한, 인간이 성장과 발전에 대한 욕망을 멈추는 순간은 없을 것이다. 우리가 계속 욕망하기에 계속 새로운 기술과 비즈니스가 만들어질 것이며, 발전과 진보를 거듭할 것이다.

1 2018년 페이스북, 구글, 애플 등 실리콘밸리의 주요 IT기업 출신들이 설립한 비영리 단체로, 인터넷 중독, 정치적 극단주의 및 잘못된 정보 전달 등 SNS 부작용을 해결하기 위해 설립됐다.

2 2014년 제임스쿡대학James Cook University의 킨리Kinley 박사와 호주 과학·산업 연구기관 연방과학산업연구기구와 함께 호주 해조류를 가축 사료 첨가제로 사용할 경우, 메탄을 줄일 수 있는지 프로파일링하던 도중 발견했다. https://www.ncbi.nlm.nih.gov/pmc/articles/PMC3898960/

3 https://news.psu.edu/story/578123/2019/06/17/research/seaweed-feed-additive-cuts-livestock-methane-poses-questions

4 인터넷에 가입된 SNS 계정, 이메일 등 인터넷 각 사이트에 가입된 개인의 계정들을 의미한다.

5 신경계를 연구하는 학문. 인간과 동물의 신경계를 연구하며, 인공신경망까지 연구한다. 생물학, 심리학뿐만 아니라, 인지과학, 철학, 경제학 등 신경이라는 주제로 포괄적으로 합쳐진 학문이다.

6 영화 〈트랜센던스Transcendence〉에서 천재 과학자 '윌'이 반 과학 단체에 의해 목숨을 잃을 처지에 놓인다. 그래서 연인 '에블린'의 도움을 받아, 그가 만든 의식을 슈퍼컴퓨터에 업로드 시켜 살아난다.

결국 해답은 사람에게 있다

글로벌 테크 비즈니스를 이야기할 때 주로 언급되는 내용은 객관적인 사실, 즉 투자 금액이 얼마고, 어떤 신기술이 적용됐고, 가격이 얼마인지가 정보의 대부분을 차지한다. 가령 어떤 회사가 새로운 휴대폰 모델을 발표할 때 쏟아지는 정보들을 보면 '듀얼 카메라 적용', '출시 가격', '저장 용량 최대 256기가바이트' 등 스펙 위주의 내용이 가장 비중 있게 다뤄진다. 분석의 주된 관점이 제품 중심이기 때문이다.

또 다른 예로 스타트업 소식을 다룬 뉴스들을 보면 대표가 어떤 경력을 지녔고, 지금까지 받은 투자금은 얼마인지가 뉴스의 대부분이다. 그리고 회사 매출 규모나 향후 계획, 목표 매출은 어느 정도인지가 빠지지 않고 다뤄진다. 분석이 회사의 외형을 묘사하는 데 치중되어 있다. 물론 이런 객관적인 내용들이 중요하지 않다는 것은 아니다. 제품을 구매하거나 투자를 결정할 때 기준이 되는 결정적 정보들이다. 객관적인 정보는 글로벌 테크 시장을 이야기 할 때 가장 중점적으로 취급되어야 한다.

반면 '인간의 욕구'는 그 중요성에 비해 상대적으로 주목받지 못한 것이 사실이다. 새로운 제품과 서비스를 직접 이용할 고객에 대한 이야기는 찾아보기 힘들었다. 사실 모든 비즈니스는 채워지지 못한 욕구를 충족시키고자 하는 데에서 출발한다. 그러나 이러한 정보는 추적하거나 데이터화하기 힘든 심리적인 것이기 때문에 쉽게 간과되고는 한다.

우리는 지금까지 글로벌 테크 비즈니스에서 찾을 수 있는 다양한 형태의 심리와 적용 사례들을 '매슬로의 욕구 7단계'에서 다룬 욕구를 통해 살펴봤다. 생리적 욕구, 안전의 욕구, 사랑과 협업의 욕구, 성공의 욕구, 학습과 성장의 욕구, 심미적 욕구, 자아실현의 욕구를 차례로 정리하고 그에 해당하는 글로벌 테크 비즈니스 사례를 심도 있게 분석했다.

불확실성이 늘어나는 경제 상황일수록 인간의 욕구는 이전보다 더 주목받아야 할 대상이다. 7개의 단계로 구성된 심리적 욕구는 상황에 따라 그 계층이 달라질 뿐 어느 정도 정형화되어 있고 예상 가능한 특징이 있기 때문이다. 사람의 욕구는 결핍을 제거하고 성장을 지향하려는 관성이 있다. 일단 욕구가 충족되어 만족감을 느끼면 더 높은 수준의 욕구를 다시 추구하고자 한다.

코로나19 사태에서도 형태만 약간 바뀌었을 뿐 정형화된 욕구는 변함이 없었고 오히려 더 강화되는 모습을 보였다. 바이러스를 막기 위해 마스크를 쓰고, 가족들 건강을 챙기고, 집에서 운동을 하는 사람들이 늘어났다. 외식을 줄이는 대신 집에서 요리하는 경우가 많아졌고, 대면 회의 대신 화상 회의로 업무를 처리하는 회사들도 부쩍 증가했다. 어쩌면 코로나19 사태 때문에 인간의 마음 깊은 곳에 있던 여러 욕구들이 더 선명하게 드러날 수 있었던 것인지도 모른다.

인간의 심리적 욕구는 비즈니스의 성공 여부를 가늠한다. 최첨단 기능으로 무장한 IT 기기를 정성껏 만들었다고 해도 이를 사용하는 사람이 없다면 무용지물이다. 고객들이 어떤 욕구를 충족하길 원하는지 파악하고 그에 잘 대응할 수 있는 비즈니스 전략을 펼쳐야 한다. 앞서 살펴본 수많은 사례들이 증명하듯, 인간의 욕구를 파악하는 일은 글로벌 테크 비즈니스의 첫 걸음이 되어야 할 것이다.